HEYNE<

Das Buch
Darf man Babys blöd finden? Gibt's was Peinlicheres als Nordic Walking? Reden Frauen so viel, weil Männer eine geringere Lebenserwartung haben – oder ist es umgekehrt? Geistreich und selbstironisch erzählt die Bestsellerautorin Amelie Fried aus dem Alltag (nicht nur) von Frauen. Dabei erfährt man, warum sie Sehnsucht nach dem wilden Leben hat, tote Skorpione romantisch findet und unbedingt Mitglied im Club der hysterischen Mütter sein möchte. Ein großes Lesevergnügen!

»Amelie Fried schreibt mit einem Augenzwinkern und führt uns viele menschliche Verhaltensweisen vor Augen, die keinem von uns fremd sind.« *Radio ND1*

Die Autorin
Amelie Fried, Jahrgang 1958, präsentierte verschiedene TV-Sendungen. Von 1998 bis 2009 war sie Gastgeberin der Talkshow *3 nach 9*, und von Juli 2009 bis Dezember 2010 moderierte sie das Literaturmagazin *Die Vorleser*. Alle ihre Romane waren Bestseller. *Traumfrau mit Nebenwirkungen*, *Am Anfang war der Seitensprung*, *Der Mann von nebenan*, *Liebes Leid und Lust* und *Rosannas Tochter* wurden erfolgreiche Fernsehfilme. Für ihre Kinderbücher erhielt sie verschiedene Auszeichnungen, darunter den »Deutschen Jugendliteraturpreis«. Zuletzt erschien bei Heyne ihr Sachbuch *Schuhhaus Pallas – Wie meine Familie sich gegen die Nazis wehrte*. Die Autorin lebt mit ihrer Familie in der Nähe von München.

Als Heyne Taschenbuch liegen bereits folgende Kolumnenbände vor: *Geheime Leidenschaften*, *Verborgene Laster* und *Offene Geheimnisse*.

Amelie Fried

Wildes Leben

Späte Einsichten
und verblüffende Aussichten

WILHELM HEYNE VERLAG
MÜNCHEN

*Die Kolumnen sind zuerst
in der Zeitschrift »Für Sie« erschienen.*

Verlagsgruppe Randomhouse FSC-DEU-0100
Das für dieses Buch verwendete
FSC®-zertifizierte Papier *Holmen Book Cream*
liefert Holmen Paper Hallstavik, Schweden.

Originalausgabe 06/2011
Copyright © 2011 by Amelie Fried
Copyright © 2011 dieser Ausgabe
by Wilhelm Heyne Verlag, München
in der Verlagsgruppe Random House GmbH
Printed in Germany 2011
Umschlagillustration: © Sigi Ahl, Bad Homburg
Umschlaggestaltung: Eisele Grafik-Design, München
Satz: Leingärtner, Nabburg
Druck und Bindung: GGP Media GmbH, Pößneck
ISBN: 978-3-453-40674-2

www.heyne.de

Inhalt

Das Leben ist ein Büfett

Schwarzseher und Schönfärber *9*   Endlich frei! *11*
Bloß nicht ehrlich sein! *14*   Nordic Walking und andere
Peinlichkeiten *16*   Lasst mir meine Vorurteile! *18*
Pfeifen, Kreischen, In-Ohnmacht-Fallen *20*   Zu blöd
für diese Welt *23*   Das Leben ist ein Büfett *26*
Das große Kochen *29*   Weg mit der rosa Brille! *31*
Was machst du eigentlich den ganzen Tag? *34*   Was ist
eigentlich romantisch? *36*   Alte Bekannte *39*
Brummel, Brabbel, Schnarch *41*   Von der Freiheit,
sich zu beschweren *43*

Frauen sind gar nicht so.
Männer auch nicht.

Warum Frauen mehr reden als Männer *47*   Ein Navi
fürs Leben *49*   Die Suche nach dem Traumprinzen *51*
Männergewohnheiten *53*   Der kleine Unterschied –
und ein paar neue Erkenntnisse *55*   Artenschutz für
Männer *58*   Szenen einer Ehe *61*   Bettgeschichten *64*
Tu es doch einfach mir zuliebe! *67*   Männer, bitte betrügt
uns! *70*

Die volle Packung, bitte!

Kochgötter unter sich 75   Urlaub im Keller 77   Von Wunderheilern und Kringeln auf dem Po 80   Die volle Packung, bitte! 82   Ja-Sager und Nein-Sager 85   Top Ten der faulen Ausreden 87   Hoch zu Ross mit Gummidichtung 90   Bleibt doch zu Hause vor dem Fernseher! 92

Wenn Eltern sich zum Affen machen

Darf man Babys blöd finden? 97   Überlebenskünstler 99   Sex im Alter 101   Vater sein – das letzte Abenteuer 103   Wenn Eltern sich zum Affen machen 106   Der Club der hysterischen Mütter 109   Da kann Einstein einpacken 112   Begleitetes Fahren 114   Wir retten die Welt! 116

Kennen Sie das auch?

Freundschaft im Härtetest 121   Sätze, die ich nicht mehr hören will! 124   Sehnsucht nach dem wilden Leben 127   Welches Gesicht zu welchem Anlass? 130   Sie haben da was! 132   Keine Zeit zum Wohnen 134   Das muss jetzt mal gesagt werden 137   Feigheit vor dem Freund 140   Wahnsinn Weihnacht 142

Letzte Worte

Nachruf auf einen Bonsai 147   Schicksal? Egal! 149   Die Sache mit dem lieben Gott 151   Was von uns bleibt 154   Oma und Opa auf Weltreise 156   Es wird aufgegessen! 159   »Du bist wie deine Mutter!« 161   So viele Freunde – so wenig Zeit! 163   Kontrolle ist gut – Vertrauen ist besser! 165   Liebe Mama – böses Kind 167   Der Rückenstrecker und andere Gottesgeschenke 169   Rock me, Baby! 171   Letzte Worte 173

Das Leben ist ein Büfett

Schwarzseher und Schönfärber

Ich rechne prinzipiell mit dem Schlimmsten. Das Gute daran ist, dass ich meistens positiv überrascht werde. Schon wenn ich morgens aufwache und feststelle, dass die Welt sich noch dreht, ich am Leben und nicht halbseitig gelähmt oder erblindet bin, freue ich mich. Wenn tagsüber weder das Haus einstürzt noch ein Krieg ausbricht oder die Katze überfahren wird, steigert sich diese Freude unaufhaltsam. Spätestens abends, wenn kein Anruf der Schule eingegangen ist, weil meine Kinder beim Koksen erwischt wurden, und mein Mann zu meiner Überraschung auch noch da ist, halte ich mich für einen absoluten Glückspilz. Ich finde, ich bin ein sehr positiver Mensch, mit dem man gut zusammenleben kann.

Mein Mann findet, ich bin die schlimmste Schwarzseherin auf Erden, und droht in regelmäßigen Abständen damit, mich zu verlassen. Er bezeichnet meine Lebenseinstellung als Pessimismus, ich als Realismus. Tatsächlich bin ich so überzeugt, dass es schlimm kommen, sich verschlechtern und schließlich böse enden wird, dass ich all meine düsteren Voraussagen bezüglich der Zukunft für absolut realistisch halte. Warum ist es denn schwarzseherisch, wenn ich einfach nur beschreibe, wie es aller Wahrscheinlichkeit nach kommen wird?

Mein Mann glaubt daran, dass unsere Gedanken Einfluss auf das haben, was geschieht. Dass die Dinge sich gut entwickeln, wenn wir daran glauben, dass sie das tun. Ich hingegen glaube, dass schiefgehen wird, was schiefgehen kann, und sich die Dinge entwickeln, ohne Rücksicht auf uns und unsere Gedanken zu nehmen.

Natürlich heißt das nicht, dass ich als Realistin die Hände in den Schoß legen und entspannt den nächsten Schicksalsschlag abwarten kann. Ich kann schon einiges dafür tun, dass etwas schiefgeht. Ich muss meiner Tochter nur lange genug einreden, dass sie unbegabt für Mathe ist – irgendwann steht sie auf einer Sechs. Oder mir selbst immer wieder vorsagen, dass ich mit dieser Kollegin einfach nicht zusammenarbeiten kann – irgendwann wird's zum Knall kommen. Das Tolle ist: Auf diese Weise behalte ich meistens recht!

Aber, Moment mal, wenn das in die negative Richtung funktioniert, müsste es ja in die positive auch funktionieren. Das würde bedeuten, mein Mann hat recht? Nein, das kann nicht sein. Wann hat man jemals davon gehört, dass ein Mann recht hat?

Endlich frei!

Davon haben wir Monate, wenn nicht Jahre geträumt: Mann und Kinder sind weggefahren, zur Oma, zu Freunden oder sonst wohin, ist uns auch völlig egal, wichtig ist nur: Sie sind weg!

Ein ganzes, langes, herrliches Wochenende liegt vor uns, an dem wir es so krachen lassen wollen, dass wir noch lange daran denken werden!

Also: ausschlafen, frühstücken ohne zermürbenden Geschwisterstreit, die Zeitung lesen, bis wir sie auswendig können, mit der besten Freundin telefonieren und eine Verabredung zum Ausgehen für den Abend treffen. Danach ein Körperpflegeprogramm im Gegenwert eines Wellness-Urlaubs und eine Gesichtsmaske, die uns um Jahre verjüngen werden.

Wie heißt es so treffend? Wenn du Gott zum Lachen bringen willst, dann mach einen Plan. Bei mir muss Gott sich schlapp gelacht haben. Ich kam genau bis Punkt vier, Anruf bei der Freundin. »Was? Tanzen gehen?«, tönte es lustlos aus dem Telefon. »Ach weißt du, ich habe mich auf einen ruhigen Abend mit Ulf gefreut«.

Alles klar. Im Kopf überschlug ich schnell die Anzahl meiner Freundinnen, die meisten von ihnen hatten einen Ulf. (Glücklicherweise, muss man ja sagen, aber an diesem Tag standen Ulfs meiner Selbstverwirklichung auf dramatische Weise im Wege.) Also, alle aussortiert, die einen Kerl, Kinder oder beides zu Hause sitzen haben, worauf drei potenzielle Kandidatinnen übrig blieben.

Kandidatin eins lag mit Grippe im Bett. Kandidatin zwei packte gerade ihre Reisetasche, um mit ihrem neuen Lover das Wochenende zu verbringen, Kandidatin drei erklärte mir, sie habe genug vom Tanzen, von den Männern und eigentlich vom Leben überhaupt, ob wir uns nicht einfach zusammen »Tatsächlich Liebe« ansehen könnten.

Nichts gegen »Tatsächlich Liebe«, das ist einer meiner Lieblingsfilme, aber deshalb habe ich ihn auch schon ungefähr vierzehn Mal gesehen. Ich vergewisserte mich, dass Kandidatin drei nicht akut selbstmordgefährdet war, dann füllte ich meine Badewanne mit dem Inhalt von zehn Tüten Biomilch und heißem Wasser. Ich legte mich hinein, stellte mir vor, es wäre Eselsmilch, und dachte über mein Leben nach. Hieß das jetzt, dass ich alt war? Hatte ich die falschen Freundinnen? Oder hatte Gott angesichts meines Disco-Plans vor Lachen einen Herzinfarkt erlitten?

Der verjüngende Effekt des Milchbades ließ zu wünschen übrig, dafür roch die Gesichtsmaske nach Fisch und irgendwie sah ich damit auch aus wie einer. Mein Samstag endete allein vor der Glotze. »Tatsächlich Liebe«, zum fünfzehnten Mal. An diesen Abend werde ich noch lange denken.

Bloß nicht ehrlich sein!

Ehrlichkeit ist eine positive Eigenschaft, jedenfalls wenn man keinen Wert darauf legt, Freunde zu haben. Alle loben nämlich die Wahrheit, aber keiner will sie hören. Dabei heißt es immer, echte Freundschaft beruhe auf Ehrlichkeit. Nach meiner Erfahrung ist das dummes Zeug. Immer wenn ich ehrlich bin, bringt mir das nur Ärger ein.

So habe ich einer guten Freundin nach der Trennung von ihrem Mann endlich gestanden, wie unerträglich ich den Kerl immer schon gefunden hatte. Wenig später kamen die zwei wieder zusammen. Und meine Freundin ist leider nicht mehr meine Freundin.

Oder die Sache mit Olga, unserem Au-pair. Stolz zeigte sie mir ihre neuen weißen Pumps und das weiße Handtäschchen. Zu ihrem eigenen Schutz klärte ich Olga auf, dass eine solche Aufmachung hierzulande falsch verstanden werden könnte. Anstatt dankbar für die Warnung zu sein, war sie schwer gekränkt.

Nicht weniger empfindlich reagiert mein Mann, wenn ich gelegentlich erwähne, dass er einen Meter sechsundsiebzig groß sei. Das entspricht der Wahrheit, leider aber nicht seinem Selbstbild. In seiner Vorstellung ist er mindestens einen Meter achtzig, und jeder, der was anderes behauptet, ein mieser Lügner.

In echte Gewissenskonflikte stürzen mich meine Kinder. Einerseits will ich sie zu wahrheitsliebenden Menschen erziehen, andererseits habe ich ihnen beigebracht, dass sie niemanden verletzen dürfen. Leider schließen sich diese beiden Forderungen meistens gegenseitig aus. Soll meine Tochter eine Einladung zum Kindergeburtstag mit der ehrlichen Begründung absagen, sie könne das Geburtstagskind nicht ausstehen? Oder soll sie notlügen, leider müsse sie am Sterbebett ihrer Oma Klavier spielen? Soll ich sie zur sozialen Außenseiterin machen oder zur Schwindlerin? Wie soll man es als Mutter überhaupt richtig machen? Eine einzige Lüge, bei der einen die Kinder ertappen – schon ist die moralische Glaubwürdigkeit dahin.

Bleibt mir nur, wenigstens dann ehrlich zu sein, wenn ich keinen größeren Schaden damit anrichte. Aber kaum nähert sich im Restaurant der Kellner, um zu fragen, wie es geschmeckt hat, trifft mich unter dem Tisch ein gezielter Tritt meines Mannes. Er weiß, dass ich diese Frage wahrheitsgemäß beantworten werde, weil ich auf eine direkte Frage einfach nicht lügen kann. Ich werde also sagen, dass die Soße versalzen und der Salat schlaff war. Und mein Mann wird mich dafür hassen.

Nordic Walking und andere Peinlichkeiten

Ich weiß noch, wie ich mich schlapp gelacht habe, als die ersten Spaziergänger mit Skistöcken in unserer Gegend auftauchten. Was für ein albernes Seniorenvergnügen, dachte ich und joggte lockeren Schrittes an ihnen vorbei. Das ist doch kein Sport! Das ist ja peinlich! Niemals, so schwor ich mir, würde ich mich mit so etwas lächerlich machen.

Nun, inzwischen grabe ich mit meinen Nordic-Walking-Stöcken mehrmals wöchentlich den Waldboden um, immer bestrebt, niemandem zu begegnen, der mich kennt. Ich habe gelesen, dass dabei 90 Prozent aller Muskeln beansprucht werden und Nordic Walking viel wirkungsvoller gegen Cellulite ist als Joggen. Wenn es um Cellulite geht, sind wir Frauen korrupt. Wir schrecken vor keiner Peinlichkeit zurück und würden unsere Seele verkaufen, um sie loszuwerden.

Eine Freundin von mir hat sich ihre Problemzonen mit Stromstößen behandeln lassen. Einziger Effekt: Die Kosmetikerin war um 2000 Euro reicher. Eine andere Freundin sitzt mit Kompressionsmanschetten um die

Oberschenkel im Büro und fällt regelmäßig in Ohnmacht, weil ihr Kopf nicht mehr richtig durchblutet wird. Eine dritte reibt Po und Schenkel täglich mit einer ätzenden Salbe ein, die bei einer unvorhergesehenen sexuellen Begegnung in das Auge des Mannes geriet und einen Notfalleinsatz nötig machte, um ihn vor dem Erblinden zu bewahren. (Immerhin hätte er dann bei meiner Freundin bleiben können – die Cellulite hätte ihn nicht mehr gestört!)

Neulich war ich im Kino. Es lief »In den Schuhen meiner Schwester«, ein Film, der im Wesentlichen daraus besteht, dass Cameron Diaz mit ihrem atemberaubenden Fahrgestell in briefmarkengroßen Bikinis durchs Bild schlendert. Mitten im Film brach in der Reihe vor mir eine Frau in Tränen aus und stammelte: »Ich würde zehn Prozent meiner Intelligenz für diese Beine geben!« Ich dachte kurz nach und sagte: »Ich biete zwanzig!«

Na ja, sagen wir mal so: In jungen Jahren hätte ich Intelligenz gegen Schönheit eingetauscht. Der Vorteil des Älterwerdens ist, dass unsere schönen, aber dämlichen Geschlechtsgenossinnen am Ende nur noch dämlich sind. Wir behalten wenigstens unseren Grips!

Lasst mir meine Vorurteile!

Das Komische an Vorurteilen ist, dass sie meistens stimmen. Blöd nur, dass man das nicht laut aussprechen darf. Aber mal ehrlich, würden Sie eine der folgenden Behauptungen ernsthaft bestreiten?

Das englische Essen ist gewöhnungsbedürftig. Die Deutschen bauen gerne Zäune um ihre Gärten und Sandburgen um ihre Strandkörbe. Wenn die Italiener nicht gerade beim Essen sind, reden sie vom Essen. Die Bayern sind maulfaul. Männer denken oft an Sex. Golf spielen ist langweilig.

Ausgerüstet mit solch gängigen Vorurteilen, kommt man in der Welt einfach besser zurecht. Man wundert sich nicht, wenn die Leute in England Lamm mit Pfefferminzsoße, Fisch aus fettigen Papiertüten und klebrigen Pudding essen. Man ist auch nicht überrascht, dass die Italiener sich mit »Ciao, hast du schon gegessen?« begrüßen (was ich persönlich übrigens sehr schätze, weil ich eigentlich immer gerade noch nicht gegessen habe). Am Strand muss man nur Ausschau halten, wo die Sandburgen stehen, um zu wissen, wo man sich nicht dazulegen will. Und natürlich gibt es jede Menge netter

Bayern – trotzdem hocken am Stammtisch eines bayerischen Dorfgasthauses gerne mal sechs Männer um sechs Biergläser und schweigen sich so ausdauernd an, dass man sich fragt, ob die menschliche Sprache schon erfunden ist.

Ach ja, die Sache mit dem Sex. Ich bin überzeugt, dass Männer sehr viel an Sex denken – Frauen übrigens auch. Ich glaube außerdem, dass Männer, die vor dem Liebesakt ihre Hosen falten, keine guten Liebhaber sind, genau wie Männer, die ihre Handys in Plastikhüllen stecken. Ich habe ein unausrottbares Vorurteil gegen Tontaubenschützen, und ich stehe dazu, denn wer ein ödes Hobby hat, ist meist ein öder Mensch. Und meine Vorurteile gegen das Golfspiel sind notorisch, obwohl ich noch nie einen Schläger in der Hand hatte. Aber sonst wäre es ja auch kein Vorurteil.

Ich pflege meine Vorurteile, schließlich muss es etwas geben, woran man glaubt. Und ich bin dankbar, dass ich mein Leben nicht mit Hosenfaltern, Tontaubenschützen und Golfspielern teilen muss. Allerdings teile ich es mit Bayern. Aber da sie auf Bayerisch schweigen, macht es mir nichts aus, denn das verstehe ich sowieso nicht.

Pfeifen, Kreischen, In-Ohnmacht-Fallen

Ich schäme mich zwar ein bisschen, aber ich gebe es zu: Im Alter von zehn Jahren schwärmte ich für Heintje, diesen dicklichen holländischen Jungen, der mit durchdringender Stimme »Maaamaaa« schmetterte, bis alle Mütter in Tränen schwammen. Meine nicht, die fand Heintje grässlich und hüllte sich in nachsichtiges Schweigen. Ich klapperte nach der Schule sämtliche Supermärkte meiner Heimatstadt Ulm ab und kaufte Bananen, weil die Firma Chiquita auf die geniale Idee gekommen war, mit jedem Pfund gekaufter Früchte eine Heintje-Plakette aus Blech zu verschenken. Bei uns zu Hause sah es also bald aus wie im Affenhaus, überall Bananen, die langsam verrotteten. Und in meinem Zimmer an der Wand unzählige Heintje-Blechplaketten.

Meine Mutter atmete hörbar auf, als ich Heintje vergaß und begann, für die Beatles zu schwärmen, später für die Rolling Stones und andere Rockbands. Endlich durfte ich zu Live-Konzerten und übte verbissen, auf zwei Fingern zu pfeifen, schaffte es trotzdem nicht und beneidete meine Freundin, die so laut pfeifen konnte, dass allen Umstehenden noch tagelang die Ohren klingelten. Dafür konnte ich Kreischen wie kaum eine Zweite, und einmal (war es bei Ten Years After oder doch bei Santana?) gelang es mir fast, in Ohnmacht zu fallen. Ich stand tagelang für Karten an, reiste den von mir verehrten Bands hinterher und hörte mir Konzerte auch mehrmals an, wenn ich es mir leisten konnte. Ich war wirklich ein absolut qualifizierter, ernsthafter und leidenschaftlicher Fan, und eigentlich bin ich das auch heute noch. Leider aber bin ich nicht mehr zehn, sondern fünfzig, und in diesem Alter ist es mit dem Schwärmen für Stars wie mit bauchfreien T-Shirts: Man kann sich dafür entscheiden, aber es wirkt irgendwie peinlich.

Pfeifen, Kreischen, In-Ohnmacht-Fallen – all das sieht gut aus bei Mädels zwischen dreizehn und – wollen wir großzügig sein – dreiunddreißig. Danach wirkt es ein bisschen so, wie wenn Erwachsene mit kleinen Kindern spielen, sich dabei auf dem Boden rollen und Babysprache sprechen.

Fans ab einem gewissen Alter drücken ihre Verehrung für einen Künstler aus, indem sie absurde Preise für die Konzertkarte bezahlen. 100 Euro für Genesis, 150 für Police, oder 350 für Barbra Streisand. Letztes Jahr war ich mit drei Freundinnen bei Robbie Williams. Die Karten waren so schwer zu kriegen und kosteten so viel, dass wir mindestens das Recht erworben hätten, unsere Unterwäsche auf die Bühne zu werfen oder uns sonst irgendwie danebenzubenehmen. Pfeifen und Kreischen war auf jeden Fall okay. Von Ohnmachten während des Konzerts rät Robbie Williams seinen Fans ab: »Ihr glaubt, ihr kommt hinter die Bühne, und da bin ich. Aber ich muss euch enttäuschen: Da sind nur die Sanitäter!«

Eine meiner Freundinnen schlug vor, ein Schild mit dem Textklassiker »Robbie, ich will ein Kind von dir!« hochzuhalten. Ihre sechzehnjährige Tochter blickte sie mitleidig an und sagte: »Du meinst wohl: ›Ich will ein Enkelkind von dir!‹«

Wir sind dann lieber ohne Schild zum Konzert gegangen.

Zu blöd für diese Welt

Als Kind habe ich gelernt, dass man nicht stiehlt, niemanden betrügt und sich allzeit höflich und rücksichtsvoll verhält.

Offensichtlich hat die Erziehung meiner Eltern mich nicht ausreichend aufs Leben vorbereitet, denn immer wenn ich mich an ihre Regeln halte, komme ich mir vor wie der letzte Depp.

Ich stehe in der U-Bahn auf, um einer alten Dame Platz zu machen – schon lässt sich ein Sechzehnjähriger auf den Sitz fallen und stellt seinen iPod so laut, dass jeder Protest meinerseits ungehört verhallt. Ich zahle meine Rechnungen immer sofort nach Erhalt – muss aber manchmal monatelang warten, bis ein Auftraggeber mein Honorar bezahlt. Es kam auch schon vor, dass ich das Geld für eine Lesung nie gesehen habe, weil die Buchhandlung drei Tage später Insolvenz anmeldete. Obwohl der Buchhändler also längst wusste, dass er mich nicht würde bezahlen können, ließ er mich kalt lächelnd durch die halbe Republik anreisen und mein Programm absolvieren.

Vor vielen Jahren bin ich auf einen Vermieter reingefallen, der mir eine billige Miete anbot, wenn ich die Wohnung beim Einzug gründlich herrichten ließe. Kaum war ich fertig, begann er damit, das Haus durch Terrormaßnahmen aller Art systematisch zu entmieten. Ein Jahr später ergriff ich entnervt die Flucht – und mein Vermieter freute sich über eine generalsanierte Wohnung, die ihn keinen Cent gekostet hatte.

Wenn Sie eine gefälschte Antiquität loswerden wollen, bieten Sie mir das Stück an! Ich nehme es Ihnen sofort ab, denn niemals würde ich glauben, dass Sie mich betrügen wollen. Auch unkündbare Zeitungsabonnements mit einer Laufzeit von 120 Jahren können Sie mir mühelos andrehen, oder Aktien an einem Unternehmen für die Verbesserung der Welt. Da ich selbst nie jemanden absichtlich übers Ohr hauen würde, komme ich einfach nicht auf die Idee, dass jemand so etwas mit mir versuchen könnte. Es ist eindeutig: Ich bin zu blöd für diese Welt.

Mein Mann sagt, meine Vertrauensseligkeit grenze ans Fahrlässige und man müsse mich vor mir selbst schützen. Ich hingegen halte ihn für paranoid, weil er hinter allem und jedem Betrug wittert und den Leuten ständig böse Absichten unterstellt.

Schwer zu sagen, wer von uns beiden der Glücklichere ist. Ich falle ziemlich oft auf die Schnauze, was mein Vertrauen in die Menschen komischerweise kaum erschüttert. Mein Mann behält dagegen häufig recht, was ihn in seinem Misstrauen nur bestärkt.

Ich möchte einfach nicht in einer Welt leben, von der ich annehmen muss, dass sie voller Betrug, Gemeinheit und Rücksichtslosigkeit sei. Lieber kaufe ich hie und da einen gefälschten Jugendstil-Silberleuchter oder abonniere eine Fernsehzeitung für digitale Programme, die ich gar nicht empfangen kann, als meinen Glauben an das Gute zu verlieren. Schließlich ist der Mensch doch im Grunde gut, oder? ODER?

Das Leben ist ein Büfett

Es gibt zu viel von allem. Zu viel Elend, Dummheit und Gier. Zu viele überbezahlte Manager, zu viele Arbeitslose, zu viele Menschen ohne Perspektive. Zu viel sinnloses Zeug zu kaufen, zu viel Abfall, zu viele Abgase. Es herrscht ein Überangebot in allen Bereichen. Mein Handy kann mehr, als ich jemals werde nutzen können, von meinem Computer ganz zu schweigen.

Sogar der Wetterbericht im Fernsehen ist vollkommen übertrieben: Da gibt es Strömungsbilder und Winddiagramme, Live-Berichte vom Brocken im Harz, Bilder von zerzausten Reportern, die in pelzige Riesenmikros sprechen – wofür, zum Teufel, brauche ich das alles? Ich will einfach nur wissen, wie morgen das Wetter wird. Mehr nicht.

Man kommt sich vor wie an einem dieser Riesenfrühstücksbüfetts in großen Hotels. Da kann man zwischen fünf Eierspeisen wählen, zwischen zehn Käse- und zwanzig Brotsorten, und egal, wie viel man gegessen hat, den ganzen Tag über verfolgt einen das Gefühl, etwas verpasst zu haben. Es ist der Überfluss, der ein Gefühl von

Mangel erzeugt. Nach dem Shopping-Bummel kann man eigentlich nur unzufrieden sein, denn den drei Teilen, die man erstanden hat, stehen die drei Millionen gegenüber, die man nicht kaufen konnte. Wenn an einem Abend im Fernsehen fünfundzwanzig verschiedene Spielfilme laufen, muss man zwangsläufig das Gefühl bekommen, gerade den falschen zu sehen. Angesichts der Auswahlmöglichkeiten verwendet man einen Großteil seiner Energie für die vielen Entscheidungen, die man täglich treffen muss. Und das erschöpft den Menschen, wie Wissenschaftler herausgefunden haben: Sogar wenn das Auswählen Spaß macht, ist es eine derartige Belastung fürs Gehirn, dass die Probanden bei anschließenden Leistungstests deutlich schlechter abschneiden als andere, die vorher keine Entscheidungen treffen müssen.

Das Zuviel an Überflüssigem ist auch schuld am Zuwenig des Wesentlichen. Es frisst unsere Energie – und das Wertvollste, was wir haben: unsere Zeit. Bevor wir in den Urlaub fahren, recherchieren wir wochenlang, um nur ja das günstigste Angebot zu finden. Wir verbringen Ewigkeiten damit, unsere zahlreichen technischen Geräte zu programmieren, die uns eigentlich Zeit sparen sollen. Und wie viel Lebenszeit wir Frauen vor dem Kleiderschrank verschwenden, weil wir uns nicht entscheiden können, was wir anziehen wollen – das will ich lieber gar nicht wissen.

Nichts gegen Vielfalt – natürlich ist es schön, dass wir

keine Einheitskluft tragen, keine Einheitsgerichte essen und keine Einheitsmeinungen vertreten müssen. Aber wenn das Leben ein Büfett ist, hätte ich lieber weniger Auswahl. Und dafür mehr Zeit zum Genießen.

Das große Kochen

Also, ich sehe nicht gerne zu, wenn andere Sex machen, schließlich macht man schöne Sachen lieber selbst. Genau so geht es mir mit Kochsendungen: Warum soll ich zusehen, wie andere Leckeres kochen und es dann unter »Mmmh!«- und »Wie köstlich!«-Ausrufen vor meinen Augen aufessen, während mir vor der Glotze das Wasser im Mund zusammenläuft?

Für mich sind Kochsendungen nichts anderes als eine Variation der Sexshows, bei denen uns Zuschauern mit dem erhobenen Kochlöffel vorgeführt wird, was wir alle gerne mal probieren würden, uns aber nicht trauen. Und genau wie seit der sexuellen Revolution erotische Flaute in den Betten herrscht, sitzen seit Beginn der großen Kochshow-Welle immer mehr Leute vor dem Fernseher, sehen Profiköchen bei der Zubereitung feiner Speisen zu und fressen dabei Fertiggerichte. Die Ernährungsgewohnheiten der Deutschen haben sich proportional zur Zunahme von Kochsendungen drastisch verschlechtert; bald werden wir so weit sein, dass es die Gerichte aus dem Fernsehen abgepackt als TV-Dinner zu kaufen gibt – das

Mälzer-Sandwich, die Wiener-Pasta, den Linster-Sauerbraten und zum Nachtisch ein bisschen süße Kerner-Creme.

Mir machen Kochsendungen auch aus anderen Gründen schlechte Laune: Wenn auf Sterne-Niveau gekocht wird, ärgere ich mich, dass ich das nicht kann und vermutlich niemals lernen werde. Wenn einer von den Showköchen Kartoffelpüree aus der Tüte anrührt und mir weismachen will, das sei ganz tolles Essen, fühle ich mich veräppelt. Und wenn manche Köche übers Kochen reden, als handelte es sich um die Kunst des Glasharfenspiels, selten und eigentlich nicht zu erlernen, dann bin ich in meiner Hausfrauenehre gekränkt. Schließlich serviere ich meiner Familie seit vielen Jahren täglich ein warmes Essen, und meine Kinder haben glaubhaft versichert, ich sei die beste Köchin der Welt (nach Rosa und Jutta, zwei Freundinnen, die wahrhaft meisterlich kochen).

Meine Empfehlung lautet deshalb: Am besten Selbermachen – beim Kochen wie beim Sex! Viel Spaß!

Weg mit der rosa Brille!

Optimismus ist schön. Das Glas ist halb voll, es wird schon gut gehen, das Leben ist schön. Sorge dich nicht, lebe, denk doch einfach positiv, think pink – wer hört nicht gerne solche Aufmunterungen? Um die Wahrheit zu sagen: Ich.

Diese ganze Positiv-Denkerei geht mir allmählich gehörig auf den Wecker. Selbst bei sintflutartigem Regen darf man nicht mehr »Das Wetter ist aber heute schlecht« sagen – schon kommt irgendein Pink-Thinker und klärt uns darüber auf, dass es gar kein schlechtes Wetter gebe, sondern nur falsche Kleidung, dass die Natur den Regen brauche, und außerdem klinge das Rauschen doch so gemütlich, und morgen scheine bestimmt wieder die Sonne. Nutzt mir wenig, wenn meine Grillparty heute stattfinden sollte.

Kaum äußert man ein zweifelndes »Sicher finde ich wieder keinen Parkplatz«, wird man belehrt, dass man so natürlich in der Tat keinen Parkplatz finden wird. Stattdessen soll man denken: »Sicher finde ich heute sofort einen Parkplatz!« – und schon tut sich angeblich eine

Parklücke genau da auf, wo man sie braucht. Niemand konnte mir bislang erklären, woher die Parklücke weiß, was ich denke, und wie sie es schafft, entsprechend ihre Position zu verändern.

Aus sicherer Quelle weiß ich, dass meine Freundin auf der Fahrt in den Urlaub einen Totalschaden hatte, das Hotel laut, das Meer dreckig und das Wetter zwei Wochen lang grauenhaft war. Als ich sie fragte: »Und, wie war euer Urlaub?«, sagte sie: »Super!«

Man kann das liebenswert finden. Sie will niemanden mit ihren Urlaubskatastrophen langweilen. Aber sind wir wirklich schon so weit, dass wir nicht mal mehr zu unseren Freunden ehrlich sein dürfen, nur weil negative Äußerungen so verpönt sind?

Wenn man sich beim Skifahren den Arm gebrochen hat, tröstet einen garantiert jemand mit dem Hinweis, man hätte sich ja auch den Hals brechen können, mithin habe man allen Grund zur Dankbarkeit. Und wenn man vergessen hat, den Lottoschein mit sechs Richtigen abzugeben, muss man sich anhören, dass Geld sowieso nicht glücklich mache. So gesehen darf man sich eigentlich überhaupt nicht mehr schlecht fühlen, denn natürlich kann es immer noch schlimmer kommen.

Ich aber will mich schlecht fühlen dürfen, ich will jammern und mich beklagen, und wenn etwas so richtig beschissen ist, will ich nicht so tun müssen, als wäre es toll. Wie sagte die Mutter in der Kinokomödie »Juno«, als sie von der Schwangerschaft ihrer sechzehnjährigen

Tochter erfährt: »Schwanger? Ich hatte gehofft, sie ist nur drogensüchtig!«

Irgendwie sind sie auch beneidenswert, diese unverwüstlichen Optimisten, die noch der schlimmsten Katastrophe etwas Gutes abgewinnen können. So wie bei der Beerdigung, auf der ich neulich war. Da guckte ein Freund des Verstorbenen ins Grab und sagte: »Immerhin liege ich da nicht drin.«

Was machst du eigentlich den ganzen Tag?

Du hast einen schönen Beruf, sagen die Leute zu mir. Schriftstellerin. Da sitzt man bestimmt unter einem Baum und wartet, bis einem was einfällt. Und dann schreibt man los. Und wenn einem nichts mehr einfällt, ist das Buch fertig. Ich gebe zu, so ähnlich habe ich mir das früher auch vorgestellt. Aber es ist ganz anders.

Es beginnt schon mit dem Baum: Der steht im Freien, und da ist es zu hell für den Computer. Also sitze ich – auch bei schönstem Wetter – drinnen am Schreibtisch. Das heißt aber noch lange nicht, dass ich schreibe. Denn kaum sitze ich, klingelt das Telefon. Kaum habe ich aufgelegt, klingelt der Postbote. Kaum habe ich das Päckchen entgegengenommen, piept der Wäschetrockner. Kaum habe ich die Wäsche ausgeräumt, summt die Waschmaschine. Kaum habe ich die nasse Wäsche in den Trockner gepackt, klingelt wieder das Telefon. Gleich darauf sitze ich im Auto und hole mein Kind aus der Schule ab, weil es sich im Sportunterricht den Knöchel verknackst hat.

Kaum sind wir zu Hause, hat das Kind Hunger. Kaum

habe ich ein Mittagessen gemacht, klingelt das Telefon. Dann das Handy. Dann der Getränkemann. Kaum habe ich die Getränkekisten in den Keller geschleppt, kommt der Eismann. Dann kommt die Feuerwehr, weil unser Kater auf einen hohen Baum gestiegen ist und sich nicht mehr runtertraut. Und dann klingelt noch mal der Postbote, der am Morgen einen wichtigen Brief vergessen hat. Kaum ist er weg, ruft mein Kind, weil es Durst hat. Dann schrillt eine Alarmsirene, weil die Abwasserpumpe kaputt ist und der Keller vollläuft. Gleichzeitig klingelt das Telefon. Dann kommt das andere Kind aus der Schule und hat Hunger. Kaum habe ich ein Abendessen gemacht, klingelt wieder das Telefon. Mein Mann kommt nach Hause und fragt, ob ich mit der Arbeit gut vorangekommen sei. Ich überlege, ob ich die Scheidung einreichen soll.

Manche Leute wünschen sich, dass sie nie mehr arbeiten müssen. Ich wünsche mir, dass man mich endlich arbeiten lässt! Ich arbeite gerne! Schriftstellerin zu sein ist schön! Man sitzt unter einem Baum und wartet, bis einem was einfällt. Dann schreibt man los. Und wenn einem nichts mehr einfällt, ist das Buch fertig.

Ach ja, der wichtige Brief: Mein Verleger wüsste gerne, wann das neue Buch fertig sein wird. Das wüsste ich auch gerne.

Was ist eigentlich romantisch?

Wieder mal muss ich feststellen, dass mit meiner genetischen Ausstattung etwas nicht stimmt: Obwohl ich eine Frau bin, fehlt mir das Romantik-Gen. Umfragen im Freundinnenkreis haben ergeben, dass die meisten Frauen die gleichen Sachen romantisch finden: Sonnenuntergang am Strand, Kaminfeuer im Winter, teures Essen bei Kerzenschein und Mozartmusik, unerwartet mitgebrachte Rosensträuße oder Diamantringe.

Ich hingegen glaube: Romantik gibt es nur in unserer Vorstellung, und die ist geprägt von Kinobildern und Werbebotschaften. Das Paar, das bei tropischem Regen Hand in Hand am Strand entlangläuft. Der Junge, der seiner Freundin zum Geburtstag ein Yes-Törtchen mit einer Kerze schenkt. Die Frau, die ihrem Liebsten ein Herz aus Pralinen aufs Bett dekoriert. Solche Szenen werden uns als Romantik verkauft, und wir vergleichen sie mit den Szenen, aus denen unser Leben zusammengesetzt ist. Wenn Ähnlichkeiten entstehen, glauben wir, Romantik zu erleben. Dabei sind die Bilder so abgenutzt, dass wir sie eigentlich anders nennen müssten: Kitsch.

Nichts gegen Sonnenuntergänge und Rosensträuße – beide sind natürlich schön. Aber die Erwartung, dass man bei ihrem Anblick etwas ganz Bestimmtes empfinden soll, ist für mich ein Romantik-Killer. Es ist wie mit erotischen Gefühlen: Auch die stellen sich nur ein, wenn man nicht damit rechnet, nicht darauf wartet, kurz: wenn man von ihnen überrascht wird. Erotik mit Ansage funktioniert nicht. Oder finden Sie es anregend, wenn jemand Sie an all seinen Vorbereitungen (Zähne putzen, einschlägige Körperteile waschen, Bettwäsche wechseln, Kerzen anzünden, Musik auflegen) teilhaben lässt, bevor er Sie aufs Lager zieht?

Deshalb stellen sich auch bei mir keine romantischen Gefühle ein, wenn jemand das Standard-Romantik-Programm (Candle-Light-Dinner, Schmuckschatulle, Stehgeiger) abspult. Je mehr Romantik-Klischees bedient werden, desto misstrauischer macht mich das; ich spüre die Absicht und bin verstimmt. Und wundere mich darüber, wie bereitwillig meine Freundinnen auf solchen Zinnober reinfallen und sich von ihren Typen weismachen lassen, das wäre ganz großes Kino. (Gut, wenn ein Diamantring dabei rausspringt, kann man ja mal großzügig sein. Aber ich stehe nicht auf Brillis, vermutlich ein weiterer Gendefekt.)

Echte Romantik stellt sich unverhofft ein, in Situationen, die man überhaupt nicht mit dem Begriff in Verbindung bringen würde. Zum Beispiel in dieser Strandhütte in Mexiko, als mein Mann den Skorpion erledigte, der es sich in meinem Koffer gemütlich gemacht hatte. Nachdem das Tier tot auf der Machete steckte, erfuhren wir, der Stich dieser Art sei nicht sofort tödlich, erst nach ungefähr zwanzig Minuten – das nächste Krankenhaus sei allerdings vierzig Minuten entfernt. Mein Mann als Lebensretter! D a s finde ich romantisch.

Alte Bekannte

Ich weiß, ich komme Ihnen irgendwie bekannt vor, aber Sie wissen gerade nicht, woher Sie mich kennen. Verkaufe ich Ihnen vielleicht morgens die Brötchen? Arbeite ich in Ihrer Firma? Oder haben wir uns auf einer Party getroffen?

»Waren Sie nicht beim Gynäkologen-Kongress in Oldenburg?«, sprach mich kürzlich ein Mann im Flugzeug an. »Klar«, gab ich zurück. »Ihr Vortrag über Papilloma-Viren war wirklich toll!« Er wirkte irritiert, dann lief er rot an. »Ach, jetzt weiß ich, entschuldigen Sie, bitte. Sie sind übrigens viel kleiner als im Fernsehen.«

»Ich weiß«, sagte ich, denn das habe ich schon oft gehört. Ebenso oft wie: »Sie sehen ja viel jünger aus als im Fernsehen«, oder: »Sie sind ja viel netter als im Fernsehen«. Das kränkt mich dann immer etwas; ich finde mich eigentlich auch im Fernsehen ganz nett.

Die Palette zweifelhafter Komplimente lässt sich beliebig fortsetzen. So ließ sich neulich eine Frau meinen neuen Roman signieren und sagte, während ich gerade »Mit herzlichen Grüßen, Ihre Amelie Fried« schrieb, sie schätze mich eigentlich mehr für meine Moderationen. Gleich darauf fragte sie, ob ich eigentlich Familie hätte. Ich würde im Fernsehen so cool wirken, als brauchte ich niemanden, weder Mann noch Kinder. Da war ich wirklich sprachlos, denn tatsächlich bin ich eine derartige Glucke, dass meine Kinder froh sind, wenn ich zwischendurch zum Arbeiten wegfahre.

Auch im Urlaub habe ich reizende Begegnungen mit meinem Publikum. Vor einem antiken Tempel auf Sizilien brüllte eine deutsche Touristin bei meinem Anblick so laut »Dat is ja die Amelie Friiiied!«, dass ich fürchtete, das Bauwerk würde, nachdem es zweieinhalbtausend Jahre gestanden hatte, jetzt einstürzen. Ich wies darauf hin, dass die eigentliche Sehenswürdigkeit an diesem Ort nicht ich, sondern der Tempel sei, was sie nicht daran hinderte, ihre gesamte Reisegruppe auf mich aufmerksam zu machen. Aber so ist das eben mit alten Bekannten, die regelmäßig zu einem ins Wohnzimmer kommen: Man freut sich, sie zu sehen. Und so soll es ja eigentlich auch sein.

Brummel, Brabbel, Schnarch

Ich gehöre zu den Menschen, die überall schlafen können. Ich schlafe im Zug ein, sobald er den Bahnhof verlassen hat. Ich schlafe in den unmöglichsten Positionen im Auto oder im Bus. Je rasanter die Fahrt, desto besser schlafe ich (hier handelt es sich vermutlich um eine Form des Flucht-Schlafs). Nur im Bett schlafe ich leider nicht. Das ist ein bisschen lästig, denn die meisten Nächte verbringt der Mensch nun mal im Bett.

Eine Analyse meiner Schlafstörung ergibt, dass ich am besten einschlafe, wenn um mich herum möglichst viel los ist. Am liebsten ist mir das Gebrummel und Gebrabbel menschlicher Stimmen, das macht mich herrlich müde. Deshalb schlafe ich auch regelmäßig vor dem Fernseher ein. Auf Partys kämpfe ich gegen die Versuchung an, mich ins Schlafzimmer der Gastgeber zu schleichen und es mir zwischen den abgelegten Mänteln auf dem Bett gemütlich zu machen. Ich würde mich durchaus auch im Wohnzimmer auf dem Sofa zusammenrollen, wenn ich nicht fürchten müsste, die anderen Gäste könnten das seltsam finden (von den Gastgebern ganz zu schweigen).

Es ist ganz offensichtlich: Ich bin eine Gesellschaftsschläferin. Nun sollte man annehmen, dass die Gesellschaft eines Ehemannes ausreicht, einen in Tiefschlaf zu versetzen, aber das ist nicht der Fall: Das heroische Ansägen meines Mannes gegen die nächtliche Stille vertreibt nicht nur die wilden Tiere, sondern häufig auch mich. Manchmal bitte ich ihn, mir was vorzulesen, in der Hoffnung, vor ihm einzuschlafen. Bereitwillig liest er, ist aber beleidigt, wenn ich anfange zu gähnen. Macht nichts: Ein von einer sonoren männlichen Stimme vorgetragenes Hörbuch tut es auch. Seit drei Jahren höre ich »Schnee, der auf Zedern fällt«. Ich bin erst bei CD 2 angekommen und weiß noch immer nicht recht, worum es geht. Mein Mann sagte neulich, er würde gerne mal ein anderes Hörbuch hören.

Ehrlich gesagt mache ich mir Sorgen, wo mich diese Schlafstörung noch hinführen wird. Womöglich wird es schlimmer, und ich kann bald nur noch inmitten von Menschenmengen einschlafen. Dann muss ich in Großmarkthallen und auf Bahnhöfen übernachten.

Falls Sie mich also demnächst irgendwo rumliegen sehen, auf dem evangelischen Kirchentag, dem Oktoberfest oder beim Rolling-Stones-Konzert – wundern Sie sich nicht. Und bitte: Lassen Sie mich schlafen!

Von der Freiheit, sich zu beschweren

Ich kann Leute nicht leiden, die sich ständig beschweren, weil sie sich schlecht behandelt fühlen. Ich kann es aber auch nicht leiden, schlecht behandelt zu werden. Deswegen beschwere ich mich ziemlich oft. Wenn der Abflug in den Urlaub um drei Stunden vorverlegt wird, ohne dass ich es erfahre. Wenn bei neu gekauften Stiefeln nach einer Woche der Reißverschluss kaputt ist. Wenn Leute stundenlang den Motor ihres Autos laufen lassen und die Umwelt verpesten. Wenn Politiker uns Sachen versprechen, die sie nicht halten. O ja, es gibt viele Gründe, sich zu beschweren. Genau genommen könnte ich von Beruf Beschwerdebriefschreiberin werden und hätte gut zu tun. Aber ich möchte keiner von diesen notorischen Nörglern sein, die an allem und jedem etwas auszusetzen haben. Das Essen ist zu kalt, der Weißwein zu warm, der Kellner zu langsam, die Musik zu laut. Leute, die sich ständig beschweren, nerven. Kaltes Essen, warmer Weißwein, langsame Kellner und zu laute Musik nerven allerdings auch.

Wie oft darf man sich beschweren, ohne unsympathisch zu werden? Wie viele Leserbriefe über den miesen Zustand der Welt darf man schreiben, ohne als Querulant zu gelten?

Ich versuche, ein gutes Vorbild für meine Kinder zu sein. Die sollen einerseits tolerant sein, andererseits den Mut haben, sich gegen ungerechte Behandlung zu wehren. Meine Tochter hat sich das schon zu Herzen genommen: Sie diskutiert gerne mit ihren Lehrern darüber, ob sie eine Strafarbeit verdient hat oder nicht. Wenn sie die Strafe ungerecht findet, schreibt sie die Arbeit nicht. Ihre Lehrer sind davon mäßig begeistert.

Ich fürchte, die Neigung zur Aufmüpfigkeit liegt in unserer Familie. Schon mein Großvater hat sich nichts gefallen lassen. Als die Nazis ihm, dem Juden, sein Schuhgeschäft wegnehmen wollten, als sie die Wände beschmierten und die Scheiben einwarfen, schrieb er noch Beschwerdebriefe an die Behörden. Es ist ihm nicht gut bekommen.

Welches Glück, dass wir uns heute über alles und jedes beklagen dürfen, ohne Angst vor den Folgen haben zu müssen. Weil wir diese Freiheit behalten wollen, haben wir geradezu die Verpflichtung, uns weiter zu beschweren. Über unangemessene Behandlung ebenso wie über schlechte Politik, über soziale Ungerechtigkeit ebenso wie über die Zerstörung unserer Umwelt. Dafür können wir getrost mal ein Auge zudrücken, wenn der Weißwein zu warm ist.

Frauen sind gar nicht so.
Männer auch nicht.

Warum Frauen mehr reden als Männer

Frauen wollen angeblich immer nur das eine: reden, reden, reden. Dazu kann ich nur sagen: Stimmt! Und zwar aus gutem Grund. Wir Frauen sprechen so viel zu unseren Männern, weil Männer statistisch gesehen 5,3 Jahre vor uns sterben, also müssen wir alles, was wir ihnen zu sagen haben, vorher schon loswerden. Anders, als Männer gerne annehmen, wollen wir sie mit unserem Mitteilungsbedürfnis nicht vorzeitig ins Grab bringen, sondern – im Gegenteil – die Zeit bis zu ihrem Ableben optimal nutzen. Wie schade, dass diese gute Absicht so häufig verkannt wird!

Leider verpassen wir dadurch auch die eine oder andere Mitteilung, die ein Mann vielleicht gemacht hätte, wenn wir ihn zu Lebzeiten hätten zu Wort kommen lassen. So steht manch redselige Ehefrau zu ihrer Überraschung nicht allein am Grab des Verblichenen, sondern in Gesellschaft seiner Dauergeliebten und dreier weiterer erbberechtigter Kinder. Oder sie stellt bei der Testamentseröffnung fest, dass er das gemeinsame Vermögen auf ein Schweizer Nummernkonto transferiert hat – leider ohne ihr die Nummer mitzuteilen.

Männer glauben, Frauen könnten Gedanken lesen, deshalb sind sie so sparsam mit Worten. Frauen hingegen glauben, Männer würden immer sagen, was sie wollen. Außerdem glauben sie noch, Männer könnten aus dem, was frau gesagt hat, heraushören, was sie gemeint hat. Dabei weiß jeder, dass Frauen zwar meinen, was sie sagen, aber bei Weitem nicht immer sagen, was sie meinen.

Ein weites Feld also für die sogenannten »Frauenversteher«, Männer, die von ihren Geschlechtsgenossen eher belächelt und nicht zum gemeinsamen Bordellbesuch aufgefordert werden, sich bei Frauen aber größter Beliebtheit erfreuen. Auch mein Mann profitiert von seinem Ruf, Gespräche führen zu können, die sich nicht ausschließlich um die DAX-Entwicklung, das neueste Porsche-Modell oder die Bundesliga-Tabelle drehen. Frauen suchen seinen Rat und seine Nähe, was ich außerordentlich schmeichelhaft finde – für ihn und für mich. Und was sagt er, der gut getarnte Macho: »Die wollen ja alle nur reden. Meinst du, es hätte wenigstens mal eine versucht, mich zu verführen?«

Ein Navi fürs Leben

Eigentlich lassen Männer sich ungern sagen, wo's langgeht. Jahrelang bemühen wir Frauen uns, ihnen ein paar grundsätzliche Dinge beizubringen (nasse Handtücher nicht aufs Bett, Socken nicht unters Bett, keine fremden Frauen ins Bett), wobei sie sich nicht als besonders lernfähig erweisen. Und dann taucht plötzlich eine Frau auf – oder besser gesagt: eine Frauenstimme – und alles ist anders. »An-der-nächsten-Kreuzung-links-abbiegen«, säuselt es aus dem Navigator, und wie in Trance ordnen sich unsere sonst so widerspenstigen Kerle links ein, blinken und biegen ab.

Das gibt's doch nicht, denken wir empört und erinnern uns an zahllose Momente, in denen w i r vorgeschlagen haben, an der nächsten Kreuzung links abzubiegen, was uns höchstens einen strafenden Blick oder ein gemurmeltes »Du weißt doch nicht mal, in welcher Stadt wir sind« eingebracht hat. Es ist schockierend, aber offensichtlich: Unsere Männer vertrauen uns lebendigen und intelligenten Frauen weniger, als irgend so einer Sabine aus dem Navigator.

Was machen wir bloß falsch?

Ich glaube, wir sind einfach nicht entschieden genug. Sabine lässt keinen Widerspruch zu. Wenn sie links sagt, dann meint sie auch links. Wir hingegen sind immer diskussionsbereit, und wenn wir sagen: »Der blaue Anzug steht dir gut«, dann schwingt immer ein »Aber der graue ist auch nicht schlecht« mit. Wie soll ein unsicheres Männerwesen da noch durchblicken? In Wahrheit sehnen Männer sich nämlich nach einer Art Lebens-Navigator, einer weiblichen Stimme, die ihnen sagt, was sie tun sollen, wenn sie sich nicht entscheiden können.

Auch mein Mann ignoriert seit Jahren standhaft meine Wünsche bezüglich nasser Handtücher und Socken. (Was fremde Frauen angeht, kann ich ihm bislang nichts nachweisen.) Er fragt mich aber ständig, ob er das hellblaue oder das weiße Hemd anziehen soll, ob die neuen Schuhe besser zum Anzug passen als die alten und ob er diesen oder jenen Wein aus dem Keller holen soll. Die Wahl zu haben, scheint viele Männer zu überfordern, und das ist unsere Chance! Wir müssen ihnen nur das Gefühl geben, sie hätten mehrere Möglichkeiten – dann sind sie äußerst dankbar, wenn wir ihnen die Entscheidung abnehmen. Ich sage nun also nicht mehr: »Kannst du, verdammt noch mal, dein nasses Handtuch vom Bett nehmen?« Sondern ich säusele mit Sabine-Stimme: »Das-nasse-Handtuch-auf-dem-Bett-ist-sehr-schön-aber-am-Haken-im-Bad-wäre-es-noch-schöner!«

Die Suche nach dem Traumprinzen

Ich bin seit zwanzig Jahren verheiratet, und das sehr glücklich. Trotzdem irgendwie schade – wo es doch heute so einfach ist, einen Partner zu finden! Wenn ich daran denke, wie anstrengend es war, meinen Mann kennenzulernen: Jahrelang hing ich hustend in verrauchten Discos herum, ließ mich auf langweiligen Partys von langweiligen Typen vollsülzen, quälte mich ins Fitness-Studio und zu anderen Meeting-Points der Single-Gesellschaft – und alles nur, um endlich den Mann fürs Leben zu treffen. Natürlich fand ich ihn nicht dort, wo ich ihn gesucht hatte, sondern bei einer spießigen Kulturpreisverleihung im Münchner Rathaus.

Man stelle sich nur mal vor, an welch seidenem Fädchen meine Zukunft hing! Nur dem Zufall unseres Zusammentreffens (das um ein Haar nicht stattgefunden hätte, weil mein Mann diesen Abend eigentlich zu Hause vor der Glotze hatte verbringen wollen) verdanke ich meine Ehe und unsere Kinder ihre Existenz! Nicht auszudenken, welchen Verlauf mein Leben genommen hätte, wenn der vom Schicksal für mich Auserwählte damals sein Abendprogramm nicht geändert hätte!

Wie viel einfacher hätte ich es heute. Ich müsste nur bei einer Internet-Partnervermittlung eingeben, was ich gerne frühstücke, welche Musik ich mag und welches Auto ich fahre – schwupps, schon würde der Computer ausrechnen, wer zu mir passt. Ich würde massenhaft E-Mails von potenziellen Kandidaten kriegen und könnte mir in aller Ruhe den attraktivsten aussuchen, ohne auch nur das Haus zu verlassen. Mein Gott, wie viele frustrierende Abende und überflüssige One-Night-Stands hätte ich mir sparen können, wenn es vor zwanzig Jahren schon das Internet gegeben hätte!

Stellt sich nur die Frage, ob mein Mann und ich auf diesem Weg zusammengefunden hätten. Er frühstückt Müsli, ich Toast, er mag harten Rock, ich coolen Pop, und als wir uns kennenlernten, träumte ich von einem Alfa Spider, während er einen uralten Opel fuhr. Tja, das sind schlechte Voraussetzungen: nicht genügend Matching Points, partnerbörsentechnisch ein glatter Flop. Glück ist eben die Magie des richtigen Moments, und für die gibt's keine Computerformel. Aber vielleicht hat mein Mann ja irgendwann genug von mir und verlässt mich. Dann suche ich mir übers Internet endlich einen Kerl, der zu mir passt!

Männergewohnheiten

Die meisten Männer lieben die Beständigkeit. Beim Italiener bestellen sie jahraus, jahrein die gleiche Pizza, und das größte Unglück ist, wenn der Italiener eines Tages schließt und dafür ein Thailänder aufmacht. Wenn sie den Wechsel verkraften, bestellen sie ab sofort jedes Mal die gleiche Suppe. Ihre besten Freunde kennen sie schon aus der Schule, seither treffen sie sich immer in derselben Kneipe und erzählen sich immer die gleichen Geschichten. Sie trennen sich höchst ungern von lieb gewordenen Kleidungsstücken oder Schuhen und bleiben ihr Leben lang demselben Fußballverein treu.

Nur bei Frauen gestatten viele Männer sich ein wenig Abwechslung; alle paar Jahre tauschen sie die alte gegen eine jüngere aus, oft bleiben sie dabei aber ihrem Typ treu (siehe Franz Beckenbauer). Wie gesagt, im Grunde lieben sie die Beständigkeit.

Deshalb verwenden sie auch gerne immer wieder die gleichen Methoden, um eine Frau zu betören – warum soll, was einmal geklappt hat, nicht für ein zweites und drittes Mal gut sein? So trägt Carla Bruni, die Frau des französischen Präsidenten Nicolas Sarkozy den gleichen Ring wie seine Exfrau Cécilia, vermutlich beim selben Juwelier gekauft, vielleicht sogar mit Rabatt (und wenn diesmal nicht, dann bestimmt beim nächsten Mal!).

Mein alter Schulfreund Bendix fährt nun schon das dritte Mal an denselben romantischen Strand in Thailand – jedes Mal mit einer anderen Frau. Wenn die neue Beziehung den ersten Liebesurlaub überlebt, ziehen die Frauen in der Regel bei ihm ein – und nach ungefähr zwei Jahren wieder aus. Die Geister ihrer Vorgängerinnen nehmen einfach zu viel Platz weg. Wer den Münchner Mietwohnungsmarkt kennt, hat Verständnis, dass Bendix lieber die Frau wechselt, als eine neue Wohnung zu suchen.

Schon meine 13-jährige Tochter musste ernüchtert feststellen, dass Männer eher praktisch als romantisch veranlagt sind: Sie und eine ihrer Freundinnen erhielten wortgleiche SMS-Liebesschwüre – vom selben Jungen!

Ich erinnerte mich, dass mir einst ein Verehrer eine Kassette mit selbst aufgenommenen Liebesliedern geschenkt und damit mein Herz erobert hatte. Wenig später entdeckte ich die gleiche Kassette in der Wohnung einer gemeinsamen Bekannten, bald darauf im Auto einer Kommilitonin.

Ich erklärte also meiner Tochter, sie könne dankbar sein, dass der Junge die Nachricht nicht als Massen-Mail verschickt habe. So richtig tröstlich fand sie es nicht.

Der kleine Unterschied – und ein paar neue Erkenntnisse

Liebe Mütter und Väter in spe, segelt ein in den Hafen der Ehe und Elternschaft – und lasset alle Hoffnung auf ein befriedigendes Sexualleben für lange Zeit fahren. Es tut mir leid, die Überbringerin der schlechten Botschaft zu sein, aber vielleicht ist es ja besser, ihr wisst vorher, worauf ihr euch einlasst. Wichtig ist, dass ihr eines versteht: Frauen machen Sex, um geheiratet zu werden; Männer heiraten, um möglichst viel Sex zu haben. Eigentlich machen Männer auch sonst fast alles, um viel Sex zu haben. Sie schauen sich kitschige Liebesfilme an, gehen mit zum Shoppen oder besuchen einen Yoga-Kurs – nur um das Objekt ihrer Begierde bei Laune zu halten. Kaum hat die begehrte Frau allerdings ein Kind gekriegt, stellt sie ihre sexuellen Aktivitäten bis auf Weiteres ein. Der saugende, schmatzende, schlafraubende kleine Wurm fordert ihre volle Kraft, deshalb ist sie nicht erbaut, wenn ihr noch jemand saugend und schmatzend an die Wäsche will.

Die Männer fühlen sich verständlicherweise übers

Ohr gehauen und rivalisieren heftig mit dem Baby um die Zuwendung der Mutter. Tückisch, wie die Natur nun mal ist, hat sie es aber so eingerichtet, dass der kleine Verführer seinem großen Rivalen spielend den Rang abläuft.

Ab hier gibt es zwei mögliche Handlungsverläufe:

1. Der Mann wendet sich enttäuscht ab und einer anderen Frau zu (bei der ihn im Wesentlichen das gleiche Schicksal erwartet).
2. Der Mann buhlt weiter unbeirrt um seine Frau, kommt irgendwann ans Ziel – und zeugt Rivalen Nummer zwei. (Und drei. Und vier. Manche lernen langsam.)

Die nächsten zehn bis fünfzehn Jahre kämpfen das genetische Programm der Männer (zeugen, zeugen, zeugen!) gegen das der Frauen (schlafen, schlafen, schlafen!). Die Männer gehen irgendwann fremd, die Frauen wissen es nicht, wollen es nicht wissen oder sind froh, wenn sie ihre Ruhe haben. Und wenn die Kinder größer sind und das Paar endlich wieder Zeit und Kraft füreinander hätte, stellen die Männer überrascht fest, dass ihre Frauen älter geworden sind, dass der Busen nicht mehr so prall und die Haut nicht mehr so straff ist, worauf nicht wenige von ihnen beschließen, sich endgültig einem jüngeren Modell zuzuwenden.

Was schließen wir aus all dem?

1. Kinder sind schlecht fürs Sexualleben. (Stimmt, aber der Sex wird mit den Jahren auch ohne Kinder nicht besser.)
2. Männer sind skrupellos, wenn es um Sex geht. (Stimmt. Da gibt es beispielsweise diese Spinnenart, bei der die Männchen die Weibchen mit einem Geschenk, etwa einem eingewebten Insekt, zum Sex verführen. Während sie es miteinander treiben, nascht das Weibchen am Mitbringsel. Kaum sind sie fertig, entreißt das Männchen dem Weibchen sein Geschenk wieder, verpackt es neu – und versucht sein Glück bei der Nächsten.)
3. Sex wird möglicherweise überschätzt. (Stimmt. Aber erklären Sie das mal den Männern!)

Artenschutz für Männer

Ich mache mir Sorgen. Früher war der Mann ein Held, rettete Prinzessinnen, erschlug Drachen und war überhaupt der Chef. Heute liest man Artikel mit Überschriften wie »Wozu sind Männer gut?« und »Männer – Erkenntnisse über ein schwaches Geschlecht«.

Nun wurde sogar eine »Jungen-Krise« ausgerufen, weil schon die kleinen Männer nicht mehr wissen, ob sie mit einer Heidi-Klum-Puppe oder einem Leopard-Panzer spielen sollen. Schuld daran ist natürlich die Emanzipation, denn seither wissen die Armen nicht mehr, ob sie Männlein oder Weiblein sind. Und wenn sie's herausfinden, haben sie erst recht ein Problem, denn wer gehört schon gerne zu den Losern?

In der Schule werden die Jungen von cleveren Mädchen abgehängt, die ihnen später die Studienplätze und Praktika wegschnappen und Firmen gründen, bevor sie ihre erste Bewerbung geschrieben haben. Und noch später werden sie von ehrgeizigen Karrierefrauen gezwungen, Kinder zu zeugen und diese auch noch selbst zu betreuen – jedenfalls während der zwei Monate Elternzeit für Väter.

Kurz: Die Männer kriegen keinen Fuß mehr auf den Boden. Überfordert klammern sie sich an die Schalthebel der Macht, müssen sich ständig anhören, wie emotional unterentwickelt und kommunikationsgestört sie seien, und längst machen ihnen Frauen die Weltherrschaft streitig. »Die Zukunft ist weiblich«, schallte es ihnen von allen Seiten entgegen, und während sie im Job von immer mehr Frauen umzingelt werden, läuft ihnen ihre eigene weg. An allem sollen sie schuld sein: am Scheitern ihrer Ehe, am schlechten Betriebsklima in der Firma, der Erderwärmung und dem Börsencrash, und wenn Gott die Männer nicht schon aus dem Paradies vertrieben hätte, würde SIE es spätestens jetzt tun und ihnen obendrein 200 Jahre gemeinnütziger Arbeit in einem Frauenhaus aufbrummen.

Wir sollten uns Sorgen machen. Wir Frauen, meine ich. Denn wenn es so weitergeht, endet es wie im Haushalt: Die Männer stellen sich so lange blöd an, bis wir ihnen die Hausarbeit abnehmen. Wenn sie Geschmack finden an der Rolle des schwachen Geschlechts, müssen am Ende wir die Drachen erschlagen und die Prinzessinnen retten. Aber wenn wir eines nicht brauchen, sind es noch mehr Prinzessinnen.

Deshalb müssen wir die Männer unter Artenschutz stellen, denn Arten, die der Evolution nicht mehr nutzen, sind vom Aussterben bedroht. Ich persönlich finde ja, dass Männer in einigen Lebensbereichen durchaus nützlich, wenn nicht gar unentbehrlich sind. Wer sonst sollte das Altpapier entsorgen, die Winterreifen montieren und den Rasen mähen? Wir Frauen vielleicht? Natürlich könnten wir es, das ist nicht die Frage, aber wollen wir es? Na eben.

Und manche vermeintlichen Defizite der Männer erweisen sich bei näherer Betrachtung durchaus als Tugend. Ihr Schweigsamkeit zum Beispiel. Ich verstehe gar nicht, warum so viele Frauen sich darüber aufregen. Je mehr die Männer schweigen, desto mehr können wir reden. Was soll daran schlecht sein? Ach, noch was: Männer können richtig toll sein. Liebevoll, sexy, lustig und klug. Wenn sie nicht mehr da wären, würde ich sie sehr vermissen. Einige jedenfalls.

Szenen einer Ehe

Was wäre mein Mann ohne mich? Überhaupt nicht lebensfähig wäre er! Es gibt so vieles, was er nicht kann, und manchmal frage ich mich, wie er die ersten 32 Jahre seines Lebens, die er ohne mich verbringen musste, eigentlich überstanden hat.

Wenn er Koffer packt, muss ich seine Hemden falten. Er behauptet steif und fest, es nicht zu können. Als ich ihm erklärte, wir lebten nicht mehr im 19. Jahrhundert und heutzutage würden Männer ihre Hemden selbst falten, bastelte er aus einem frisch gebügelten Oberhemd eine Art Origami-Kunstwerk und stopfte es in den Koffer.

Anzüge aufhängen kann er auch nicht. Die Hose rutscht immer vom Bügel, weil mein Mann die Sache mit dem Schwerpunkt nicht versteht. Das Sakko hängt er dann falsch herum auf, sodass die Schultern zusammensacken, weil sie von der Rundung des Kleiderbügels nicht ausgefüllt werden.

Beim Autofahren fragt er mich jedes Mal beim Einfahren in eine Kreuzung: »Kommt von rechts einer?«, und ich sage: »Ja, kommt einer« oder »Nein, es ist frei«. Offenbar hat er eine seltene Nackenblockade und kann beim Autofahren den Kopf nicht nach rechts drehen, um selbst nachzusehen, ob einer kommt. Kaum zu glauben, dass er all die Fahrten überlebt hat, bei denen ich nicht neben ihm saß!

Verhungert wäre mein Mann ohne mich allerdings nicht, denn er ist in der Lage, Verpackungen zu öffnen. Aber vielleicht würde er nach dem jahrzehntelangen Konsum von Spaghetti mit Pesto, Tomaten und Senf – seinen Hauptnahrungsmitteln – an gewissen Mangelerscheinungen leiden. Manchmal fürchte ich, dass mir auf meinen Lesereisen etwas zustoßen könnte und meine Kinder zu Halbwaisen würden. Meine Hauptsorge ist, dass auch sie dann nur noch Spaghetti mit Pesto, Tomaten und Senf zu essen bekämen. Das kann doch nicht gut für die Entwicklung sein!

Komischerweise denkt mein Mann, i c h sei diejenige, die ohne i h n völlig lebensunfähig wäre, und er fragt sich, wie ich die ersten 31 Jahre meines Lebens, die ich ohne ihn verbringen musste, eigentlich überstanden habe.

Zugegeben, es gibt ein paar Dinge, die er für mich tut. Er programmiert den Videorekorder. Er entfernt Spinnen von der Schlafzimmerwand und vom Kater erlegte Vögel aus dem Garten. Er hat mich ermutigt, mit dem Bücherschreiben zu beginnen, und feuert mich an durchzuhalten, wenn ich mal wieder meinen Computer aus dem Fenster werfen möchte. Ich verdanke ihm zwei bezaubernde Kinder und die Tatsache, dass ich diese nicht allein erziehen muss. Er massiert mir die Schultern, wenn ich Verspannungen habe. Er kocht frühmorgens den Tee und diskutiert bereitwillig die politische Weltlage mit mir. Er sieht auch in zerknitterten Oberhemden und verknautschten Anzügen einfach großartig aus. Und er behauptet, er würde mich immer lieben, sogar wenn ich noch älter werde, als ich es schon bin. Oh, mein Gott, was wäre ich bloß ohne meinen Mann???

Bettgeschichten

Ach, wie sie mich rühren, diese jungen Paare bei IKEA, die voller Vorfreude ihr erstes Doppelbett kaufen – nicht ahnend, welche Dramen auf sie warten.

Frisch verliebt sind wir noch fähig, uns in den Armen des Liebsten hundertmal pro Nacht umzudrehen und sein Schnarchen gemütlich zu finden. Selbst dass er im Schlaf Gedichte aufsagt oder Segelkommandos brüllt, finden wir lustig. Allerdings nicht lange.

»Stehe auf, nimm dein Bett und gehe hin!« heißt es schon in der Bibel, und Nacht für Nacht befolgen Millionen von Ehefrauen und Lebensgefährtinnen diese Aufforderung. Sie landen auf der Gästematratze oder dem Sofa, bei beengten Wohnverhältnissen auch schon mal in der Badewanne, was besonders für Bauchschläferinnen keine echte Alternative darstellt.

Wollen wir doch mal ehrlich sein: Die meisten Paare ticken nicht synchron; der eine geht lieber früher ins Bett, der andere später. Der eine liest gerne noch vor dem Einschlafen, den anderen stört das Licht. Der eine muss dreimal in der Nacht pinkeln, der andere wacht jedes Mal davon auf. Was läge also näher, als getrennte Betten zu beziehen, auf dass ein jeder auf seine Art und ohne den anderen zu stören die Nacht verbringe?

Schon die zaghaft gestellte Frage nach getrennten Schlafzimmern löst bei den meisten Männern Panik aus. Ein Doppelbett ist d a s Symbol für eine glückliche Lebensgemeinschaft, und der kleinste Versuch, es infrage zu stellen, wird als Beweis für das Ende der Liebe gewertet. Dass – im Gegenteil – die größte Liebe durch die nächtlich erlittenen Qualen schweren Schaden nehmen kann, ist diesen Romantikern kaum beizubringen. Sie merken ja nichts davon.

Hat man es eines Tages doch geschafft, seinen Mann von den Vorteilen getrennten Schlafens zu überzeugen, sollte man eines um jeden Preis vermeiden: dass andere Wind davon bekommen. Eine Freundin erzählte mir, wie ihre Schwiegermutter mit eisigem Blick auf die zweite Bettstatt sagte: »Du willst dich also scheiden lassen.«

Befreundete Paare quälen einen, sobald sie von der Bettentrennung erfahren, gerne mit Schilderungen, wie glücklich sie zusammen im Doppelbett schlafen – und das sogar auf durchgehenden Matratzen! Da fühlt man sich als Schlafhysterikerin gleich so richtig gut. Denn dass man hysterisch ist, weil man seinen in nächtliche Kämpfe mit Monstern und Verbrechern verwickelten, schnarchenden, Gedichte aufsagenden Mann nicht für den idealen Bettgefährten hält, wird einem immer wieder gerne hingerieben.

Wenn dann die eigenen Kinder heulend im ehemaligen Elternschlafzimmer stehen und anklagend auf die übrig gebliebene Betthälfte zeigen, mutiert man endgültig zu einem schuldbewussten Häufchen Elend und durchforstet schon mal das Branchenbuch nach dem Stichwort »Familientherapie«.

Liebe Leidensgenossinnen: Lasst euch von der Doppelbetten-Propaganda nicht fertigmachen! Eine glückliche Lebensgemeinschaft erkennt man nicht daran, wie oft man das Bett teilt, sondern mit wie viel Spaß. Und welches Paar kann nach 20 gemeinsamen Jahren schon fragen: »Gehen wir zu mir oder zu dir?«

Tu es doch einfach mir zuliebe!

Gott, was tun mir diese Männer leid, die mit angeödetem Gesichtsausdruck vor den Umkleidekabinen der Kaufhäuser herumlungern und darauf warten, dass ihre Frau oder Freundin gleich ein neues Negligé oder Cocktailkleidchen vorführt. »Schatz, wie findest du das?« Erwartungsvoller Blick, graziöse Drehung auf der Stelle. »Weiß nicht. Ja, schön.« – »Schöner als das andere?« – »Weiß nicht.«

Mal ehrlich, liebe Shopping-Schwestern: Macht das wirklich Spaß? Warum schleppt ihr einen unwilligen und desinteressierten Kerl hinter euch her, der auf alles andere Bock hat, als auf euer Einkaufen? Ist das für euch ein Beweis seiner Liebe?

Ich finde, man muss nicht alle Erfahrungen teilen. So verzichte ich liebend gerne darauf, schwitzend und schnaufend einen Berggipfel zu besteigen, obwohl es für meinen Mann das Größte ist. Ich liege nun mal lieber zu Hause auf dem Sofa und lese ein Buch. Und mein Mann hat eine Menge Freunde, die genauso wild aufs Bergwandern sind wie er – soll er doch mit denen gehen!

Ich nötige ihn auch nicht, mit mir ins Kino zu gehen, um Mädelsfilme anzusehen. Mädelsfilme sind romantische Komödien mit Meg Ryan, Julia Roberts oder Jennifer Aniston. Sie handeln von verschmähter Liebe und gehen immer gut aus. Warum, um alles in der Welt, soll ein Mann sich so was ansehen?

Oder die Sache mit dem Golf spielen. Immer mehr Männer begeistern sich ja neuerdings dafür und verbringen viele Stunden außer Haus. Um ihre Männer überhaupt noch zu sehen, beginnen ihre Frauen häufig ebenfalls mit dem Golfspiel – soll ja auch sehr gesund sein. Leider ist es auch furchtbar langweilig und hält sie davon ab, die Dinge zu tun, die sie eigentlich tun möchten. Deshalb sieht man so viele schlecht gelaunte Frauen auf dem Golfplatz.

Je mehr man aus Liebe für den anderen tut, desto verdächtiger finde ich das. In einer guten Beziehung unternimmt man sowieso viel zusammen, da kann man den Partner doch auch mal allein oder mit anderen losziehen lassen, wenn der unbedingt in ein Heavy-Metal-Konzert will, man selbst aber auf Schmuserock oder experimentellen Jazz steht.

Es gibt ja trotzdem vieles, was man dem anderen zuliebe tun kann: Ich zum Beispiel stelle meinem Mann großzügig meine Schulterpartie zur Verfügung, damit er seine Fähigkeiten als Masseur weiter ausbilden kann. Außerdem überlasse ich ihm die Gartenarbeit, damit er seine Muskeln trainiert und sich das Fitness-Center spart. Er verzichtet im Gegenzug darauf, seine Kochkünste an mir auszuprobieren – ein echter Liebesbeweis! Aber sein größter Liebesbeweis ist, dass er nie von mir verlangt, ich solle etwas aus Liebe zu ihm tun. Deshalb gehe ich manchmal sogar mit auf den Berg oder ins Hardrock-Konzert. Einfach nur so. Nicht aus Liebe.

Männer, bitte betrügt uns!

Im letzten Jahr haben drei meiner Freundinnen ihren Mann verloren. Nicht aufgrund von Unfällen oder schwerer Krankheit, sondern weil es Frauen gibt, die unbedingt einen Mann haben müssen, der eigentlich nicht zu haben ist. Eine drückte es so aus: »Ich suche in München einen Mann mit Haus und Hündchen.« Nun hat sie ihn gefunden; leider hat er auch Frau und Kindchen, was sie nicht weiter stört.

Meine Freundinnen haben erlebt, wie ihr Leben von jetzt auf gleich zerbröselte wie Biskuit; wie fünfzehn oder zwanzig gemeinsame Jahre hinweggefegt wurden, als wären sie Müll. Ihre Kinder haben erlebt, dass der Vater sie mit einer Leichtigkeit verlassen hat, als ginge er morgens ins Büro, und sich seither einredet, sie hätten die Trennung supergut weggesteckt.

Wie mit der Abrissbirne haben diese Männer ihre Familien niedergewalzt, und auf den seelischen Trümmern bauen sie nun ungerührt ihr neues Liebesglück auf.

Liebe Männer, lasst uns mal Klartext reden: Dass es in einer Ehe nach zehn, fünfzehn oder mehr Jahren nicht mehr so prickelt wie am Anfang – geschenkt. Dass es jüngere, strafere, willigere Frauen gibt als die eigene – wissen wir. Aber könnt ihr nicht, wie eure Väter und Großväter, hie und da eine diskrete Affäre pflegen, ohne gleich eure Familien auseinanderzusprengen und die Kinder auf Jahre hinaus zu traumatisieren?

Zugegeben, ihr seid auch Opfer. Opfer der romantischen Vorstellung, Sex und Liebe gehörten immer und zwangsläufig zusammen. Und da ihr im Grunde ja gute Kerle seid, müsst ihr euch einreden, es sei die große Liebe, nur weil ihr mit einer Frau ein paarmal toll gepoppt habt. Ich versichere euch hier und jetzt: Sex und Liebe können zusammen auftreten, müssen aber nicht! Ihr kommt nicht in die Hölle, wenn ihr mal fremdgeht. Aber eure Kinder durchleben die Hölle, wenn alles zerbricht, was ihnen bis dahin Halt und Sicherheit gegeben hat.

Für uns Ehefrauen ist es zwar wie die Wahl zwischen Pest und Cholera, aber wenn wir denn schon wählen müssten, würden viele von uns es vorziehen, diskret betrogen statt brutal verlassen zu werden. Vorausgesetzt, sonst stimmt es noch in der Beziehung. Denn auch wenn viele es nicht glauben wollen: Eine Ehe kann gut, sogar sehr gut sein, selbst wenn die Partner nicht mehr täglich übereinander herfallen.

Und noch was, Männer: Am Ende habt ihr sowieso die Arschkarte! Zuerst ködert euch die Geliebte mit dem Versprechen immerwährender Seligkeit im Sex-

Himmel – und spätestens nach zwei Jahren ist sie schwanger. Und das, obwohl sie angeblich die Pille nimmt! Und dann geht alles, was ihr hinter euch gelassen habt, von vorn los: schlaflose Nächte, vollgekackte Babys, eine Frau, die auf alles Lust hat, nur nicht auf Sex. Zu diesem Zeitpunkt haben sich eure verlassenen Ehefrauen einigermaßen erholt und beginnen, das Leben wieder zu genießen. Wenn ihr zur einkommensstärkeren Schicht gehört, sogar mit eurem Geld.

Ist es wirklich das, was ihr gewollt habt?

Die volle Packung, bitte!

Kochgötter unter sich

Gibt es etwas Schöneres, als gemeinsam mit Freunden zu kochen? Allerdings. Und zwar, ohne Freunde zu kochen. Jedenfalls wenn man – wie ich – lauter Meisterköche kennt. Die schon eine Nervenkrise kriegen, wenn man das Salz zu früh ins Spaghettiwasser wirft. Oder das Basilikum schneidet, statt es zu zupfen. Oder die Soße mit Sahne abschmeckt, statt eiskalte Butterflöckchen unterzuschlagen. Wenn man mit solchen Leuten kocht, sollte man sich am besten auf niedere Tätigkeiten wie Zwiebelschneiden oder Knoblauchquetschen beschränken, da kann man wenigstens nichts falsch machen.

Oder etwa doch? Knoblauch? Quetschen? Um Gottes willen! Die Meisterköche jaulen auf, als hätte man statt der Knoblauchzehe ihr bestes Stück zerkleinert. Natürlich wird der Knoblauch nur mitgegart und dann entfernt. Oder man reibt die Schüssel damit ein. Oder man lässt ihn überhaupt ganz weg.

Als kochender Dilettant traut man sich kaum noch, irgendeinen Handgriff zu machen, denn was man tut, ist falsch. Den Salat trocknen? Aber doch nicht in der

Schleuder! In einem sauberen Küchenhandtuch, Blatt für Blatt, bitte. Die Salatsoße anrühren? Aber nur mit 150 Jahre altem Aceto balsamico, zu Fuß über die Alpen importiertem toskanischem Olivenöl, handgemörsertem Himalaya-Salz und einem Hauch frisch gemahlenem malayischem Pfeffer. (Was ist d a s denn für eine Pfeffermühle, ist die etwa von IKEA?)

Einen Meisterkoch in der eigenen Küche werkeln zu lassen, erfordert erhebliche Frustrationstoleranz. Jedes Messer wird kritisch beäugt, jeder Topf einer strengen Prüfung unterzogen. Der Herd heizt nicht gleichmäßig, die Küchenmaschine ist veraltet, die entscheidenden Geräte fehlen. Jämmerlich stehen wir vor dem hohen Kochgericht und sind als Banausen enttarnt. Wer eine solche Küche hat, kann gar nicht kochen können!

Dass man seit Jahren tagtäglich eine vierköpfige Familie bekocht, zählt nicht, denn was wir Hausfrauen in unserer Küche treiben, ist in den Augen der Meisterköche bestenfalls Nahrungszubereitung auf Steinzeitniveau. Niemals werden wir es in den Koch-Olymp schaffen, denn Götter sind gerne unter sich. Aber dafür lassen wir auch keine dieser kulinarischen Nervensägen mehr in unsere Küche. Und den Knoblauch quetschen wir, solange wir wollen!

Urlaub im Keller

Die schönste Zeit des Jahres naht – die Ferien!

Endlich wieder auf überfüllten Autobahnen bei 30 Grad mit quengelnden Kindern auf der Rückbank im Stau stehen!

Endlich wieder jeden Morgen um sechs aufstehen, um Sonnenliegen zu besetzen! Endlich am Frühstücksbüfett im Hotel all die Leute treffen, die man schon zu Hause nicht leiden kann! Endlich wieder abendliche Folkloredarbietungen am Hotelpool! Endlich wieder Sonnenbrand, Mückenstiche und Durchfallerkrankungen! Und wenn man Glück hat, sogar einen Erdrutsch, einen Hotelbrand oder eine Flutwelle!

Urlaub ist eindeutig was für Masochisten, und wir Deutsche scheinen besonders leidenswillig zu sein. Anders ist nicht zu erklären, dass jedes Jahr Millionen von Menschen diese Torturen auf sich nehmen, nur um nach den Ferien mit ihrer Sonnenbräune angeben zu können. Denn mehr als ein bisschen Bräune, Tausende von Fotos, die man nie mehr ansieht, und ein sattes Loch in der Haushaltskasse bleibt einem ja nicht. Ach ja, und natürlich all die Püppchen, Tässchen und Deckchen aus dem Souvenirshop, die spätestens beim nächsten Hausputz in den Müll wandern.

Aber man soll nicht glauben, man könnte dem Wahnsinn entgehen, indem man zu Hause bleibt. Dort lauern nämlich andere Katastrophen. Radtouren mit den Kindern! Überraschungsbesuche von Bekannten auf der Durchreise! Besuche im Freibad! Grillen mit den Nachbarn! Sie finden mich undankbar? Kann ja sein.

Aber unsere Radtouren enden immer damit, dass einer einen Platten hat und die ganze Familie schlechte Laune. Im Freibad setzen sich fremde nackte Menschen auf mein Handtuch. Die Bekannten sind uns im letzten Urlaub zugelaufen und haben uns da schon genervt. Und beim Anblick aufgeplatzter Käseknacker, die zischend auf dem Grill verkohlen, vergeht mir der Appetit.

Ich meine, was wollen wir denn im Urlaub? Doch einfach nur unsere Ruhe! Stundenlang in einem Liegestuhl liegen und in die Luft glotzen. Ein Buch lesen. Noch ein Buch lesen. Zwischendurch mal was Leckeres essen und trinken. Und mit niemandem reden müssen, bitte.

Ich habe festgestellt, dass der absolut beste Ort für meinen Urlaub der Keller ist. Er ist erdrutschsicher, mückenfrei, und es gibt kein Frühstücksbüfett. Es kommen selten Bekannte vorbei, und ich muss mit niemandem über die Qualität des Hotels oder die günstigsten Andenkenshops reden. Niemand macht mir meine Sonnenliege streitig. Die Anzahl der Folkloredarbietungen hält sich in Grenzen. Und das Beste: Ich kriege nicht mal mit, wenn das Wetter schlecht ist!

Von Wunderheilern und Kringeln auf dem Po

Es begann mit einem verknacksten Knöchel. Dann entwickelte sich eine Schonhaltung, daraus eine Schiefhaltung, und irgendwann saß mein Mann wie ein Komma am Frühstückstisch. Er konnte nicht mehr liegen, nicht mehr sitzen und nicht mehr stehen, und, was das Schlimmste war: nicht mehr joggen. Und wenn mein Mann nicht joggen kann, wird er zur Gefahr für andere, daher war beherztes Handeln gefragt. Nach drei Behandlungen bei einem Physiotherapeuten, der seine verkürzten Bänder durch rohe Gewalt zu dehnen versuchte (»mach ich grade«), konnte mein Mann auch nicht mehr kriechen.

Freunde empfahlen die Orthopädin Frau Doktor A. und besorgten einen Termin. Frau Doktor A. verfügt über eine beeindruckende Privatpraxis voller Maschinen und Geräte, die sie alle an meinem Mann ausprobierte. Sie befragte ihn nach allerhand intimen Details, darunter, ob er ein glücklicher Mensch sei und wann seine Kinder geboren seien. Sie diagnostizierte, dass mein

Mann unter der Last seiner familiären Verpflichtungen zusammenzubrechen drohe, und empfahl eine Gesprächstherapie – bei ihr, versteht sich. Sie verkaufte ihm einige superteure orthopädische Einlagen und Bandagen und schickte eine Rechnung, die ebenso beeindruckend war wie ihre Praxis.

Die nächste Empfehlung war Frau Doktor M. Sie ließ ihre Hände über meinem Mann kreisen und summte laut dazu. Dann verschrieb sie ihm ein Orgon-Bad (was er in sämtlichen Apotheken unseres Landkreises zu kaufen versuchte, bis sich rausstellte, dass es nur bei ihr erhältlich ist). Abends zog mein Mann sich aus, zeigte mir einige mit Kugelschreiber gemalte Kringel auf seinen Füßen, seinen Schultern und seinem Po und bat mich, sie zu erneuern. Als ich mich von meinem Lachanfall erholt hatte, erklärte er mir, das seien homöopathische Zeichen, die direkt in den Körper einstrahlten, die reine Information sozusagen. Ich teilte ihm mit, dass es sich, meiner Meinung nach, bei dieser Therapie um reinen Schwachsinn handele.

Als Letztes ging mein Mann zu einem Osteopathen. Der legte ihm zehnmal eine Stunde lang die Hand unter den Hintern und unterhielt sich mit ihm über Rockbands. Danach war mein Mann geheilt. Sag noch mal einer, es gäbe keine Wunderheilung!

Die volle Packung, bitte!

Alles ist neuerdings »Wellness«. Der Feuchtbereich von Hotels (da, wo gerne der Fußpilz nistet) heißt »Wellness-Oase«, ein grüner Kräuteraufguss mit Zitrone wird zum »Wellness-Tee« befördert, und ein Glas Buttermilch mit einem Schuss Sanddornsaft ist natürlich ein »Wellness-Cocktail«. Ein paar Romanablätter mit zwei Scampi werden als »knackiger Wellness-Salat« angepriesen, an jeder Ecke kann man sich mit irgendwas verwöhnen lassen, mit einer »Schokoladen-Massage« zum Beispiel. Da wird die gestresste Karrierefrau mit Zartbitterschokolade eingerieben, anschließend gibt's ein Peeling mit Kaffeepulver, ein Sahnebad und eine Körperpackung aus Mousse au Chocolat. Das soll angeblich die Haut straffen und obendrein gefäßschützend und antioxidierend wirken. Da lachen nicht nur die Hühner, sondern auch die Betreiber jener »Wellness-Oasen«, in denen diese gequirlte Sch... okolade angeboten wird. Für schlappe 250 Euro übrigens, man gönnt sich ja sonst nichts.

Der Mensch will betrogen werden. Kein Angebot ist absurd genug, dass nicht irgendein Schwachkopf darauf reinfällt. Da werden Diäten angepriesen, bei denen man essen darf, was man will, und angeblich trotzdem fünf Kilo in der Woche abnimmt. Oder Therapien, bei denen man sich Nadeln in den Körper stechen oder Brandwunden zufügen lässt – und danach von seiner Migräne geheilt sein soll. Gebrauchte Bettlaken werden zum Schweißtuch der Veronika oder zum Leichentuch Jesu Christi erklärt und streifenweise im Internet versteigert. Und was seit der Wiedervereinigung als »Originalstück aus der Berliner Mauer« an Touristen verkauft wurde, würde zusammengesetzt zweimal um den Erdball reichen.

Leider muss ich Ihnen was gestehen: Ich bin auch ein Schwachkopf. Für tausend Euro habe ich mir eine dieser druckentlastenden Spezial-Matratzen aufschwatzen lassen, auf denen man angeblich schläft wie auf Wolke sieben. Die Körperwärme lässt einen in die Oberfläche der Matratze einsinken, bis man eingepasst ist wie eine Praline in die Blisterverpackung. Das soll ganz toll für die Wirbelsäule und die Bandscheiben sein. Leider hat die Matratze den Nachteil, dass sie betonhart wird, sobald die Zimmertemperatur unter achtzehn Grad fällt. Dann rolle ich nachts auf einer Art Brett hin und her und kralle mich verzweifelt im Laken fest, um nicht runterzukullern. Inzwischen zahle ich meinem Mann was dafür, damit er hin und wieder die Bettseite mit mir tauscht.

Als ich gesehen habe, dass neulich einer ein angebissenes Wurstbrot bei eBay reingestellt – und verkauft –

hat, kam mir eine Idee: Ich schreibe einfach in mein Angebot, dass ich eine Wellness-Matratze zu verkaufen habe. Bezogen mit dem Schweißtuch der Veronika. Und mit Schokoladengeschmack. Wäre doch gelacht, wenn ich das Ding nicht loskriege!

Ja-Sager und Nein-Sager

Neulich las ich einen Roman über einen Mann, der eines Tages beschließt, zu allem »Ja« zu sagen. Zu jeder Frage, jedem Angebot, jeder Bitte – und seien sie noch so abstrus. In kürzester Zeit wird sein Leben bunt und bewegt: Er gewinnt 25 000 Euro und verliert sie wieder, bestellt jeden Quatsch, den das Internet ihm anbietet, vom Dampfdruckreiniger bis zum penisverlängernden Pflaster, gibt jedem auf der Straße Geld, der ihn darum anhaut und tut auch sonst alles, was andere von ihm wollen. Das führt zu hohen Schulden, aber auch zu einer Menge interessanter Erlebnisse. Am Ende hat er nicht nur einen neuen Job und eine neue Freundin, er hat auch gelernt, auf eine erwachsene Weise »Ja« zum Leben zu sagen.

Die Idee hat ihren Reiz, finde ich. Wie schnell sind wir dabei, »Nein« zu sagen, wenn uns jemand einen ungewöhnlichen oder überraschenden Vorschlag macht – nicht auszudenken, was wir deshalb schon verpasst haben! Vielleicht sollten wir uns ein Beispiel an dem jungen Mann nehmen.

Die Katze des Nachbarn in Pflege nehmen, obwohl wir allergisch gegen Tierhaare sind? Ja!

Mitten in der Nacht nach Italien fahren, nur weil ein Freund es vorschlägt? Ja!

Ein knallgelbes Kleid kaufen, obwohl Blonde angeblich kein Gelb tragen sollen? Ja!

Einen neuen Job annehmen, der einen reizt, vor dem man aber Angst hat? Ja!

Wer weiß, was für aufregende Erfahrungen wir machen könnten, wenn wir hin und wieder über unseren Schatten springen und »Ja« sagen würden, obwohl wir »Nein« denken. Vielleicht stellen wir fest, dass wir gar nicht so allergisch gegen Katzen sind, wie wir dachten. In Italien verlieben wir uns in einen Italiener, obwohl wir kein Italienisch können. Wir stellen fest, dass Gelb uns atemberaubend gut steht – warum haben wir das nicht früher schon mal ausprobiert? Und was den neuen Job betrifft: Nur wer es riskiert zu scheitern, hat Aussicht auf Erfolg.

Während ich das hier schreibe, wird in meinem Dorf ein junger Familienvater zu Grabe getragen. Er hätte bestimmt gerne »Ja« zum Leben gesagt, aber eine heimtückische Krankheit hat ihm keine Chance dazu gelassen. Wir, die wir noch »Ja« sagen können, sollten unsere Chance nutzen. Ja! Ja! Ja!

Top Ten der faulen Ausreden

Wer kennt das nicht: Man hat einen Termin vergessen oder auf irgendetwas keine Lust. Nun gilt es, eine Ausrede zu erfinden, die so überzeugend ist, dass dem anderen nichts mehr einfällt. Erstaunlich, wie viel Fantasie manche Menschen dabei entwickeln – ganz vorn dabei übrigens meine Kinder. Hier meine Lieblingsausreden:

10. »Ich muss aufs Klo!« – Täglich von Neuem vorgebrachte Erklärung meiner Tochter, warum sie nicht beim Abwasch helfen kann.
9. »Ich muss dringend was für die Schule tun, schließlich schreibe ich nächstes Jahr Abi!« – Begründung meines Sohnes, warum er ebenfalls nicht beim Abwasch helfen kann.
8. »Kinderarbeit ist strafbar!« – Von beiden, wenn ich sie um Hilfe im Haushalt bitte.
7. »Frauen können mehrere Sachen gleichzeitig machen, Männer nicht!« – Mein Mann auf die Bitte, einen Anruf zu tätigen, während ich das Essen vorbereite.

6. »Mein Akku war leer. Und danach habe ich das Handy nicht mehr gehört.« Unser Au-pair-Mädchen Lucie auf meine Frage, warum ich sie stundenlang nicht erreichen konnte.
5. »Ich kann nicht nach Hause kommen, der Typ hat mich eingesperrt und den Schlüssel aus dem Fenster geworfen!« – Lucie auf meine besorgte Frage, warum sie so lange wegbleibe.
4. »Erst ist der Nachbar gestorben, dann der Hund, und dann bin ich von der Leiter gestürzt!« – Erklärung eines Handwerkers, der dreimal nicht zum vereinbarten Termin erschienen ist.
3. »Sehr geehrter Lehrkörper, ich habe mir in der kalten Schule eine schwere Erkältung zugezogen. Und da der Finanzminister jeden Monat meinen arbeitenden Eltern fast ihr ganzes Einkommen abnimmt, konnte meine Mutter nach der dritten Stufe der Gesundheitsreform keinen Hustensaft kaufen und verabreichte mir stattdessen ein Abführmittel in der Hoffnung, dass die Krankheitserreger über die unteren Ausscheidungswege meinen jungen Körper verlassen. Während der 12 Stunden, die ich gestern auf dem WC verbrachte, kam dann auch viel raus, aber die Hustenerreger sind noch drin, weswegen ich leider für den Rest der Woche noch das heimische Bett hüten muss.« – Selbst geschriebene Entschuldigung eines Schülers wegen Fernbleibens vom Unterricht.

2. »Die Straßenbahn hat sich verfahren.« – Mündliche Entschuldigung eines Erstklässlers wegen Zuspätkommens.
1. Meine Lieblingsausrede ist und bleibt aber die von dem Mann, der – nackt auf einer Frau liegend – von seiner Ehefrau ertappt wird: »Schatz, es ist nicht so, wie du denkst!«

Hoch zu Ross mit Gummidichtung

»Können Sie reiten?«, wurde John Wayne gefragt, als er in Hollywood für seinen ersten Western vorsprach. »Klar«, behauptete er lässig – und bekam die Rolle. Bis Drehbeginn nutzte er jeden freien Moment, um Reitunterricht zu nehmen. Er hatte noch nie zuvor auf einem Pferd gesessen.

Mein Sohn Leo macht es wie John Wayne. Er hat sich für eine Zivildienststelle in Südamerika beworben. Auf die Frage, wie gut sein Spanisch sei, kreuzte er an: »Gute Anfängerkenntnisse«. In Wahrheit kann er auf Spanisch gerade mal ein Bier bestellen. So wie John Wayne bis Drehbeginn reiten lernte, wird Leo bis zu seiner Abreise Spanisch lernen – hie und da muss man die Wahrheit eben ein wenig dehnen, um ans Ziel zu kommen.

Manchmal frage ich mich, was wohl aus der Firma geworden ist, die mich vor 30 Jahren als Dolmetscherin für die Verhandlungen mit ihren japanischen Geschäftspartnern angeheuert hat. Niemand am Tisch konnte richtig Englisch – auch ich nicht. Die anderen glaubten aber, ich könnte es, also beschloss ich, das auch zu glauben. Anfangs war ich etwas ratlos, weil ich nicht verstand, was überhaupt Gegenstand der Verhandlungen war. »Labbel sielings« waren mir bis dahin noch nicht untergekommen. Trotzdem übersetzte ich munter drauflos, und wenn ich etwas nicht verstand, improvisierte ich. Lange rätselte ich, was das Wort »deliwweri« wohl heißen könnte – in meinem englischen Schulunterricht waren Begriffe aus der Wirtschaft nicht vorgekommen. Nachdem die Verhandlungen über mehrere Tage und in bester Stimmung gelaufen waren, feierten wir einen großen Geschäftsabschluss. Inzwischen hatte ich sogar gelernt, dass es um kleine schwarze Dichtungsringe aus Gummi ging und »delivery« Lieferung heißt. Ich war sehr stolz auf meinen ersten Einsatz als Dolmetscherin, der allerdings auch mein einziger geblieben ist. Vermutlich kämpft die Firma bis heute mit den Folgen meiner Übersetzungskunst, weil Tonnen von Gummiringen zu absurden Preisen und unmöglichen Lieferbedingungen von München nach Tokio geschickt wurden. Eines habe ich daraus gelernt: dass man alles kann, was andere einem zutrauen. So bin ich ja auch beim Fernsehen gelandet. Irgendein Redakteur meinte, ich könnte moderieren – also moderierte ich. Jahrelang fürchtete ich, eines Tages als Hochstaplerin enttarnt zu werden. Nach 27 Jahren glaube ich allmählich selbst, dass ich es kann. Und wenn nicht, kann ich es auf jeden Fall noch lernen!

Bleibt doch zu Hause vor dem Fernseher!

Früher gingen die Menschen ins Kino, weil sie sich einen Film ansehen wollten. Essen und Trinken im Kinosaal waren nicht erlaubt, und wer mit einer Tüte raschelte, wurde mit einem wütenden »Pssst!« aus mehreren Richtungen bestraft und traute sich kaum mehr, sein Gummibärchen zu Ende zu kauen. Heute gehen die Leute ins Kino, um riesige Eimer Popcorn zu essen, Limo zu trinken, SMS zu schreiben und sich lautstark mit ihren Freunden zu unterhalten. Die wenigsten stört es, dass auf der Leinwand ein Film läuft. Man kommt sich vor wie bei einer Kinderparty mit Ronald McDonald.

Ich gehöre zu den hoffnungslos altmodischen Spießern, die mit dem Ende der Werbung die Chipstüte wegpacken, das Handy ausmachen und sich dem Geschehen auf der Kinoleinwand zuwenden. Klar, dass ich mit solch absonderlichem Verhalten nicht auf das Verständnis meiner Mitmenschen rechnen darf. Die rascheln und knistern und knuspern munter weiter, zeigen sich gegenseitig Fotos auf ihren Handys, führen ungeniert ihre Gespräche fort und reagieren völlig überrascht, wenn ich zehn Minuten nach Beginn des Filmes laut und deutlich in die Dunkelheit sage: »Könnten Sie wohl bitte mal still sein?« Dann verstummen sie kurz, man hört empörtes Getuschel – und gleich darauf geht's weiter. Kürzlich in Bremen schlug ich zwei unaufhörlich quatschenden jungen Leuten hinter mir vor, sie sollten doch einfach zu Hause bleiben und den Fernseher anmachen. (Ja, ich war das! Und es ist mir auch gar nicht peinlich!) Glauben Sie nicht, dass einer von denen »Entschuldigung« gesagt oder danach die Klappe gehalten hätte! Nur weil es in »Illuminati« ziemlich geräuschvoll zugeht, habe ich sie zwischendurch nicht mehr gehört.

Mich nervt dieses rücksichtslose Verhalten derart, dass ich kaum noch ins Kino gehe, weil ich schon weiß, dass ich mich wieder mit irgendjemandem anlegen muss. Mein Mann und meine Kinder wissen es auch, deshalb will keiner von ihnen mehr mit mir gehen. Als einsame Rächerin aller genervten Cineasten führe ich meinen Kampf ebenso unermüdlich wie entschlossen. Also, seien Sie vorsichtig, wenn Sie mich im Zuschauerraum entdecken!

Sollte ich jemals reich werden, kaufe ich mir weder eine Villa noch einen Lamborghini, noch eine Yacht oder einen Privatjet. Ich kaufe mir ein Kino. Ich schmeiße die Popcornmaschine raus und sehe mir all die Filme an, die ich in letzter Zeit verpasst habe. Und zwar alleine!

Wenn Eltern sich zum Affen machen

Darf man Babys blöd finden?

Es gibt Tage, an denen hat man Lust, sich so richtig unbeliebt zu machen. Sich mit jemandem anzulegen. Einen Satz zu sagen, den man lieber nicht sagen sollte.

Heute ist so ein Tag. Und mein Satz lautet: Mir gehen kleine Kinder manchmal ganz schön auf den Wecker.

Uuuuaaa! Kinderfeindlich! Intolerant! Indiskutabel! Und das von einer Mutter von zwei Kindern! Ja, von wem denn sonst? Ich weiß, wovon ich rede. Die Wahrheit ist: Seit meine Kinder größer sind, habe ich begriffen, wie sehr einem kleine Kinder auf den Wecker gehen können. Und zwar die von anderen.

Wenn ich heute in ein Flugzeug steige, sage ich lautlos ein Stoßgebet, damit kein Orangensaft spuckendes Baby neben mir sitzt, das den gesamten Flug hindurch schreit, weil ihm die Ohren wehtun. Und keine gestresste Mutter, die hundertmal versucht, den runtergefallenen Schnuller aufzuheben, was an der Enge der Sitzreihen scheitert und zur Folge hat, dass jedes Mal ich mich bücken muss. Ganz besonders hoffe ich, dass diese Mutter nicht plötzlich ihr Baby hochhebt, an seinem Po schnüffelt und sagt: »Es macht Ihnen doch nichts aus, oder ...?« Doch! Es macht mir etwas aus!

Im Kino hoffe ich, dass hinter mir kein Sechsjähriger sitzt, der ständig gegen meine Lehne tritt, denn auch die höflichste Bitte, dies zu unterlassen, wird von erstaunlich vielen Müttern als Ausdruck empörender Kinderfeindlichkeit gewertet.

Wenn ich mich im Urlaub gerade entspannt auf meine Liege habe sinken lassen, schätze ich es nicht, von herumfliegenden Bällen getroffen zu werden, und ich möchte auch nicht in einen Pool springen, in den gerade ein süßer Zweijähriger vom Beckenrand aus hineingepinkelt hat, auch wenn der Strahl bei seiner Mami Schreie des Entzückens hervorruft.

Denken Sie bloß nicht, ich würde mich nicht schämen! Meine Intoleranz ist bloß damit zu entschuldigen, dass meine Kinder sicher auch vielen Leuten auf die Nerven gegangen sind und ich mich bei all denen jetzt und hier in aller Form entschuldige!

Ansonsten bin ich übrigens der Meinung, dass Kinder das Recht haben, uns (in gewissen Grenzen) auf den Wecker zu fallen. Und dass intolerante Menschen wie ich es nicht anders verdient haben, als dass ihnen das Baby vom Nebensitz einen ordentlichen Schwall Orangensaft auf die Hose spuckt!

Überlebenskünstler

Ein Kind kommt zur Welt, unschuldig, rein und weitgehend schadstofffrei. So soll es unbedingt bleiben, deshalb kochen wir seine Schnuller aus, füttern es mit Biokost, wickeln es in Öko-Windeln und kleiden es in Strampler aus pestizidfrei angebauter Baumwolle. Wir lesen ihm literarisch wertvolle Bilderbücher vor, beschenken es mit pädagogisch sinnvollem Spielzeug und verbieten ihm das Fernsehen, auf dass seine zarte Seele keinen Schaden nehme. Spätestens wenn das Kind einen Kindergarten besucht, gerät es allerdings unter bedenklichen Fremdeinfluss, der nicht mehr vollständig kontrollierbar ist. Schon bringt es grässliche Comichefte oder giftige Filzstifte mit nach Hause und überfrisst sich beim ersten Kindergeburtstag an Berliner Pfannkuchen. (Igitt! Zucker und gehärtetes Pflanzenfett!) Panik bricht aus. Der mütterliche Machtbereich ist bedroht, die angestrebte Perfektion rückt in immer weitere Ferne.

Täusche ich mich, oder sind die Mütter von heute verspannter als jede Müttergeneration zuvor? Früher achtete man viel weniger auf Ernährung, die meisten

Schadstoffe kannte man noch gar nicht, und Kinderkrankheiten bekam man eben. Früher gab es keine Sicherheitssitze fürs Auto, keine Fahrradhelme, Skihelme oder Rückenprotektoren – trotzdem haben die meisten Kinder ihre Kindheit überlebt. Ist ja schön, dass man heute mehr für die Sicherheit seines Nachwuchses tun kann, aber der Wahn, jede Gefahr ausschließen zu wollen, macht unsere Kinder unfrei und unglücklich. Je mehr wir sie kontrollieren und einschränken, desto ängstlicher und lebensunfähiger werden sie. Und geraten dadurch viel eher in Gefahr.

Je älter sie werden, desto energischer entziehen sie sich sowieso all unseren Kontrollversuchen. Irgendwann sind wir regelrecht dankbar, wenn sie außer Junkfood und Cola noch etwas anderes zu sich nehmen, weniger als fünf Horrorfilme pro Woche ansehen und nicht öfter als einmal im Monat betrunken nach Hause kommen. Wenn sie außerdem hie und da ein Buch lesen, den Kontakt zu ein paar Freunden pflegen und manchmal einen vollständigen Satz von sich geben, halten wir unsere Erziehung schon für ziemlich gelungen.

Unsere einst so hohen Ansprüche an uns selbst sind auf ein Minimum geschrumpft; wir sind heilfroh, dass wir die Blagen überhaupt so weit gebracht haben – allen Gefährdungen zum Trotz. Wie robust Kinder sind, zeigt sich daran, dass sie die übertriebene Fürsorge, mit der wir sie all die Jahre traktiert haben, in der Regel unbeschadet überstehen. Ein wahres Wunder!

Sex im Alter

»IHR HABT NOCH SEX?« Das Entsetzen steht unserer Tochter ins Gesicht geschrieben. »ABER, IHR SEID DOCH SCHON SO ALT!« Ja, stimmt, uralt. 47 und 48. Wahrscheinlich haben wir ja auch nur noch Sex, weil uns Golf spielen keinen Spaß macht.

Eigentlich hat sie recht, unsere Tochter. Warum sollen Leute, die ihren Fortpflanzungsauftrag erfüllt und zwei nette Rentenzahler produziert haben, überhaupt noch Körpersäfte austauschen? Das erhöht nur die Ansteckungsgefahr bei Schnupfen und führt zu Irritationen beim Nachwuchs. Der ist von praktiziertem Sex zwar noch meilenweit entfernt, hat aber schon das Meinungsmonopol gepachtet: Alte Leute haben keinen Sex zu haben.

Nur, ab wann ist man (zu) alt?

Wenn's nach meinem Schwiegervater ginge, wohl nie. Der war nach einer Hüftoperation im Alter von 82 gerade aus der Narkose erwacht, da begann er schon, mit der Krankenschwester zu schäkern. Gut, dass meine Schwiegermutter nicht zu Eifersucht neigt. Der Mann hatte so viel Charme, dass man befürchten musste, er könnte Erfolg haben!

Mein bald neunzigjähriger Patenonkel erwiderte auf die Frage »Wie oft denkst du noch an Sex?« mit den Worten: »Einmal am Tag. Von morgens bis abends.«

Auch die in Tageszeitungen unter der Rubrik »Vermischtes« dokumentierten Eifersuchtsdramen unter Senioren lassen vermuten, dass die Leidenschaft langlebiger ist, als gemeinhin angenommen wird. Erst Anfang dieses Jahres stand ein 73-Jähriger vor Gericht, der aus verschmähter Liebe seine 84-jährige Exgeliebte mit einer selbst gebastelten Bombe aus Schwarzpulver, Benzin und Schraubenmuttern in die Luft sprengen wollte.

Oh, mein Gott, denkt man bei sich, hört das denn wirklich nie auf? Bei aller Sympathie für die schönste Sache der Welt – Leidenschaft ist doch ziemlich anstrengend. Die Aufregung, der Schlafmangel – wer hält das denn auf Dauer aus? Deshalb heiratet man ja auch irgendwann und setzt Kinder in die Welt. Solange die klein sind, fangen sie immer an zu plärren, wenn Mama und Papa nur an Sex denken. Wenn sie größer sind, wollen sie uns – siehe oben – den Sex verbieten. Wenn sie noch größer sind, wollen wir ihnen den Sex verbieten. Und wenn sie schließlich aus dem Haus sind und wir den ersten Herzschrittmacher kriegen – dann müssen wir wohl oder übel Golf spielen lernen.

Vater sein – das letzte Abenteuer

Die Helden von heute sind keine Weltumsegler, Erstbesteiger oder Rennfahrer. Es sind: die Väter. Keine Talkshow, in der nicht ein junger Vater unter Tränen vom ergreifendsten Moment seines Lebens berichtet, als er Marc-Louis' Nabelschnur eigenhändig durchtrennte. (Applaus im Studio.) Und dass er natürlich die Elternzeit in Anspruch nehmen werde, um eine enge Beziehung zu Marc-Louis herzustellen. (Gerührt schniefende Frauen im Publikum.) Und dass er kein Problem mit dem Wickeln habe, trotz des strengen Geruchs. (Bravorufe.)

Für zwei Monate Wickelpraktikum werden die Männer gefeiert, als hätten sie den Mount Everest ohne Sauerstoffmaske bezwungen. Und auf dem Spielplatz müssen sie aufpassen, nicht von enthusiastischen Müttern auf die Schultern gehoben und im Triumphmarsch um den Sandkasten getragen zu werden. Ja! Das ist er! Der »neue« Vater!

Leider ist den Männern der Erfolg ihrer Väter-Show zu Kopf gestiegen, und nun überschwemmen sie den

Buchmarkt mit Schilderungen ihrer Heldentaten. Das Fläschchen unfallfrei zubereitet! Ans Bäuerchen gedacht! Das Baby herumgetragen! Den Strampler gebügelt!

Wow! Wir Frauen stehen mit offenem Mund da und fragen uns, warum wir eigentlich in den letzten zweitausend Jahren nicht auch ein bisschen gefeiert wurden. Schließlich mussten wir die Kinder nicht nur kriegen, sondern überwiegend allein versorgen, weil die Männer vergangener Generationen mit Kriegführen, Geldverdienen und Fußballgucken beschäftigt waren und es als unmännlich galt, Kindern mehr Aufmerksamkeit zukommen zu lassen als gelegentlich eine Kopfnuss. Seit einiger Zeit nun haben die Männer das Vatersein für sich entdeckt, wenn auch überwiegend in der Theorie. »Verbale Aufgeschlossenheit bei weitgehender Verhaltensstarre« ist die soziologische Umschreibung für: viel Blabla (vor allem in Buchform) und wenig dahinter. Denn am Ende bleibt es doch meist bei zwei Monaten Väterzeit – schließlich will man seine Karriere nicht gefährden.

Um eines klarzustellen: Natürlich ist es besser, ein Vater kümmert sich zwei Monate intensiv um sein Kind als gar nicht. Aber dies als große Errungenschaft zu feiern und den Beginn einer neuen Vater-Ära auszurufen, ist doch stark übertrieben. Solange Männer und Frauen für ihre Arbeit nicht gleich bezahlt werden und männliche Karrieren wichtiger sind als weibliche, werden es weiter die Frauen sein, die zu Hause bleiben. Ihre Männer ziehen währenddessen die große Wickelshow ab und heimsen die Lorbeeren für etwas ein, was eigentlich für beide Eltern selbstverständlich sein müsste: sich um sein Kind zu kümmern.

Wenn Eltern sich zum Affen machen

Neulich bekamen wir Besuch von Bekannten mit einer sechsjährigen Tochter. Das Mädchen stürmte grußlos in unsere Wohnküche, setzte sich an den gedeckten Kaffeetisch, nahm sich ein Stück Kuchen und begann zu essen. Mir blieb die Luft weg. Wenn eines meiner Kinder sich so benehmen würde, wäre der Teufel los, das kann ich Ihnen sagen!

Gespannt wartete ich, was passieren würde. Die Mutter reagierte gar nicht, der Vater strich seiner Tochter über den Kopf und sagte: »Na, du hast aber Hunger, meine Süße!«

Oder die Sache mit dem Handy. Da wird ein Junge über Wochen und Monate von einem anderen Jungen gemobbt und gequält. Schließlich wird eine der Gewaltorgien mit dem Handy gefilmt und an Mitschüler weitergeschickt, wodurch die Sache schließlich auffliegt. Was sagen die Eltern des Missetäters? »Bestimmt hat unser Daniel einen guten Grund gehabt, sich zu wehren.«

Hallo, Eltern, aufwachen!

Sein Kind zu lieben heißt nicht, es unkritisch zu sehen und reflexhaft zu verteidigen, egal, was es anstellt. Sein Kind zu lieben heißt, ihm seine Grenzen zu zeigen und Orientierung zu geben, ihm den Unterschied zwischen Gut und Böse beizubringen und ihm klarzumachen, dass seine Handlungen Konsequenzen haben. Sein Kind zu lieben heißt aber auch, seine Grenzen anzuerkennen und ihm nichts abzuverlangen, was es noch nicht leisten kann.

Seit ich eine Büchersendung moderiere, werden mir ständig Geschichten von neunjährigen Autorinnen zugeschickt, deren Eltern diese ersten Schreibversuche zum Buch binden lassen, mit Hochglanzumschlägen versehen und mit ehrgeizigen Werbeslogans, wie zum Beispiel »Von Deutschlands jüngster Buchautorin«, unter die Leute bringen.

Eislaufmütter waren gestern, heute wird versucht, die nächste Joanne K. Rowling heranzuzüchten, das verspricht bedeutend mehr Rendite.

Sein Kind zu lieben, ist eine Sache, es zu vergöttern, eine andere. Ich glaube, es tut Kindern nicht gut, vergöttert zu werden.

Das eigene Kind ist natürlich immer das schönste, tollste und liebenswerteste Kind der Welt – ein Irrtum, der wohl von der Natur so vorgesehen ist. Auch meine Kinder sind mir das Wertvollste überhaupt, aber die Liebe zu ihnen hat mich nicht blind gemacht. Ich sehe ihre Stärken und Fähigkeiten, aber auch ihre Schwächen und Defizite. Ich liebe sie nicht, weil ich sie für so perfekt halte, sondern ganz einfach weil sie meine Kinder sind. Deshalb kann ich ihnen trotzdem Respekt vor ihren Mitmenschen beibringen – und Tischmanieren sowieso.

Der Club der hysterischen Mütter

Manchmal stellt man zu seiner Überraschung fest, dass man Mitglied in einem Club ist, ohne davon zu wissen. Neulich, in einer ausgelassenen Weiberrunde, kamen wir auf das Thema »Tausend Gründe, warum man sich von morgens bis abends ganz schreckliche Sorgen um die Kinder machen muss«. Eine Mutter beschrieb, wie sie Nacht für Nacht aufschreckt und ans Babybett eilt, um zu prüfen, ob ihr Kind noch atmet. Eine andere erzählte, sie hätte ihren Sohn bis zum Alter von vierzehn Jahren im Ehebett schlafen lassen. (Übrigens: Der Sohn hat es überlebt, die Ehe nicht.) Eine dritte rühmte sich, sie folge jeden Morgen heimlich ihren Kindern auf dem Schulweg und verstecke sich hinter Bäumen und Plakatsäulen, um nicht entdeckt zu werden.

Jede der Frauen versuchte, die andere zu übertrumpfen und unter Beweis zu stellen, dass sie mit Abstand die ängstlichste von allen Müttern sei und den goldenen Hysterikerinnen-Orden am Band verdient habe. Die Schlimmste von allen war übrigens ich. Ich bin tatsächlich eine so übertrieben besorgte Mutter, dass ich mich dafür schäme. Mich endlich zu outen und eine Art öffentlicher Selbstgeißelung zu betreiben, war unheimlich befreiend!

Endlich konnte ich erzählen, wie ich meinem Sohn die Regenjacke in die Schule nachgefahren und ihn zum Gespött der ganzen Klasse gemacht habe. Oder, schlimmer noch, wie ich eines Tages das Fußballtraining abbrechen ließ, weil ich nicht mit ansehen konnte, dass mein Junge bei Schneefall und null Grad mit kurzen Hosen spielt. (Das ist schon Jahre her, aber ich glaube, seine Fußballkumpels lachen noch heute über mich ...)

Dass ich jeden Morgen extra früh aufstehe, um meiner Tochter die Brotscheiben fürs Frühstück abzuschneiden, weil ich solche Angst habe, sie könnte sich am scharfen Brotmesser verletzen. Dass ich nächtelang wach liege und mich frage, ob mein Sohn eine Freundin finden wird und wie ich verhindern kann, dass meine Tochter die Schule abbricht, weil sie lieber Germanys next Topmodel werden will.

Ich bin nicht stolz darauf, so zu sein. Viel lieber wäre ich eine dieser entspannten Mütter, die ungerührt zusehen können, wie ihre Winzlinge mit dem Dreirad einen Abhang runtersausen oder mit einem Tapeziermesser Apfelschnitze schneiden. Die bestens schlafen, auch wenn die Teenie-Tochter um drei Uhr früh noch nicht zu Hause ist, und freudig zustimmen, wenn der Sohn sofort nach Bestehen der Führerscheinprüfung mit fünf Kumpels nach Südfrankreich fahren will.

Stattdessen muss ich wohl einsehen, dass ich zum Club der hysterischen Mütter gehöre. Und wer will schon einem Club angehören, der einen als Mitglied akzeptiert?

Da kann Einstein einpacken

Wenn Thomas oder Sabine früher herumzappelten, sich nicht konzentrieren konnten und schlechte Noten schrieben, waren sie verhaltensauffällig oder lerngestört. Wenn Lukas oder Sophia heutzutage dasselbe Verhalten an den Tag legen, sind sie sehr wahrscheinlich hochbegabt. Je schlechter ein Kind in der Schule ist, desto überzeugter sind die Eltern von seiner Hochbegabung. Das liegt daran, dass in verschiedenen Artikeln zu diesem Thema stand, hochbegabte Kinder langweilten sich im Unterricht und schrieben deshalb schlechte Noten. Seither erklären viele Eltern nach einer versauten Mathearbeit: »Der Lenny ist eben unterfordert. Natürlich kann er es, aber die Lehrer motivieren ihn einfach nicht genug.« Alles kleine Einsteins, ganz klar. Auch der Entdecker der Relativitätstheorie war schließlich miserabel in der Schule.

Wenn ich mich so umsehe, bin ich geradezu umzingelt von hochbegabten Kindern. Alle paar Wochen vertraut mir wieder eine Mutter verschwörerisch an, sie habe Sohn oder Tochter zum Intelligenztest angemeldet, es gebe deutliche Hinweise auf eine Hochbegabung. Wenn ich frage, was das für Hinweise seien, bekomme ich zur Antwort, das Kind schlafe wenig, langweile sich in der Schule, werde von Mitschülern gemobbt und verwende ausgefallene Fremdwörter. Was für Fremdwörter, frage ich zurück. Tschillen, sagt die Mutter. Ob ich wüsste, was das bedeutet?

Dass ihr Kind vielleicht zu wenig schläft, weil es bis Mitternacht fernsieht, dass es sich in der Schule langweilt, weil es schlicht desinteressiert ist, und dass es gemobbt wird, weil es sich womöglich unsozial verhält – auf diesen Gedanken kommen die Mütter nicht. Nein, es muss um jeden Preis hochbegabt sein. Um diese Illusion aufrechtzuerhalten, empfehle ich, den Test n i c h t zu machen, denn in den meisten Fällen stellt sich heraus, dass das Kind nicht über eine besonders hohe Intelligenz verfügt, sondern lediglich eine faule Socke ist. Die Frage bleibt, warum so viele Mütter so scharf darauf sind, dass ihr Kind sich als Intelligenzbestie entpuppt und womöglich deutlich schlauer ist als sie selbst? Ich persönlich verzichte lieber auf diese Erfahrung. Deshalb melde ich meine Tochter auch nicht zum Test an, obwohl eigentlich kein Zweifel an ihrer Hochbegabung besteht. Schon nach ihrem allerersten Schultag fragte sie entsetzt: »Muss ich da jetzt jeden Tag hingehen?« Wenn das kein Zeichen höchster Intelligenz ist!

Begleitetes Fahren

Mein Sohn hat seit einigen Monaten einen vorläufigen Führerschein. Bis er achtzehn ist, darf er – mit Mama oder Papa als Begleiter – praktische Erfahrung sammeln. Das ist eine Herausforderung für alle Beteiligten, besonders aber für die Beziehung zwischen Mutter und Sohn. Angespannt sitze ich auf dem Beifahrersitz, die Nägel in die Handballen gepresst, mit dem Fuß auf einem nicht vorhandenen Bremspedal. Natürlich versuche ich, mir den Anschein völliger Gelassenheit zu geben und eine entspannte Unterhaltung mit ihm zu führen. Leider aber klaffen unsere Vorstellungen von einem sicheren Fahrstil weit auseinander, und so ist es spätestens bei der ersten Kurve vorbei mit meiner aufgesetzten Lässigkeit. Ich schreie: »Nicht so schnell!«, er schreit: »Ich bin nicht schnell!«, wir fangen an zu streiten, und sofort wird es grundsätzlich: Ich sei viel zu ängstlich, traue ihm nichts zu, mische mich in alles ein. Während des Streits sieht er zu mir statt auf die Straße und fuchtelt mit den Händen herum, statt das Lenkrad festzuhalten. Ich frage mich gespannt, ob wir gleich aus der Kurve fliegen oder doch eher am Baum landen. Nur noch acht Wochen, dann darf er allein fahren. Ich weiß nicht, ob das besser für meine Nerven sein wird.

Meine Tätigkeit als pädagogische Beifahrerin ist mir derartig in Fleisch und Blut übergegangen, dass ich neuerdings auch meinen Mann während des Fahrens korrigiere. »Die Straße ist übrigens nass!« – »Da vorn kommt einer!« – »Brems doch endlich!« Kürzlich hielt er an und sagte: »Ich habe eine Neuigkeit für dich. Ich bin seit 33 Jahren im Besitz des Führerscheins.« Ich verkniff mir die Bemerkung, dass man davon nicht allzu viel merken würde.

Ich weiß gar nicht, warum die Menschen meine wohlmeinenden Hinweise nicht mögen. Neulich wäre ich fast aus einem Taxi geflogen, weil ich dem Fahrer erklärte, wenn er früher in den dritten Gang schalte, könne er Benzin sparen.

Eigentlich ist das begleitete Fahren eine gute Sache. Man sollte es auch auf andere Lebensbereiche ausdehnen. Was könnte ich meinem Sohn für wertvolle Tipps geben, wenn ich – sozusagen als Beifahrerin – bei seinen Verabredungen mit Mädchen dabei sein und die schlimmsten Unfälle verhindern könnte: »Weißt du nicht, wo die Hände hingehören?«

»Achtung, jetzt wird's gefährlich!«

»NICHT SO SCHNELL!!!«

Aber ich fürchte, auch diese Kurven wird er ohne mich nehmen.

Wir retten die Welt!

»Erst wenn der letzte Baum gerodet, der letzte Fluss vergiftet, der letzte Fisch gefangen ist, werden die Menschen feststellen, dass man Geld nicht essen kann« – so lautet die Indianerweisheit, mit der schon in meiner Jugend die Umweltschützer vor der weiteren Zerstörung der Erde warnten. Nun sind meine Kinder in dem Alter, in dem ich damals war, und natürlich sind auch sie schwer engagiert im Umweltschutz. Sie duschen mehrmals täglich, lassen kontinuierlich das Licht brennen, halten ihre sämtlichen elektronischen Geräte im Stand-by-Modus, packen alles und jedes in Plastiktüten, und seit er den Führerschein hat, fährt mein Sohn auch mal neunzig Kilometer an einem Abend, um seine Freunde zu treffen. Meine Tochter kauft Klamotten und Kosmetika ausschließlich unter modischen Gesichtspunkten – natürlich hat sie keine Ahnung, ob bei der Herstellung Flüsse verseucht oder Tiere gequält wurden. Aber sie würde es auch nicht wissen wollen. Wenn meine Kinder die Wahl zwischen einem hochwertigen, unter ökologischen Gesichtspunkten hergestellten Gemüse-Getreide-Burger und einem herkömmlichen, die Atmosphäre belastenden Rindfleischburger hätten, würden sich beide, ohne zu zögern, fürs Junkfood entscheiden. Schmeckt einfach viel besser.

Interessanterweise würden die beiden auf Nachfrage behaupten, über umweltbewusstes Verhalten Bescheid zu wissen und viel für die Rettung der Erde zu tun. Zum Beispiel halten sie ihren Eltern Vorträge darüber, welche Partei man absolut nicht wählen kann, weil die nicht genügend Wert auf Umweltfragen legt. Oder welches Auto wir nicht kaufen sollen, weil es zu viel Benzin verbraucht (und übrigens sowieso total spießig ist). Außerdem sind sie der Meinung, dass so alte Leute wie wir nicht mehr die neueste Technik benötigen (die ja viel Strom verbraucht und ungesunde Strahlen produziert). Sie hingegen, die Angehörigen der Generation Zukunft, müssen technisch auf dem neuesten Stand sein – wie sollen sie sonst die Welt retten?

Nun ja. Wer im Glashaus sitzt, soll nicht mit Handys werfen. Auch ich ertappe mich ständig dabei, sehr umweltbewusst zu denken, dabei aber nicht allzu viel Verzicht leisten zu wollen. Reisen, zum Beispiel. Ich habe schließlich nur dieses eine Leben, um mir die Welt anzusehen, bevor sie untergeht. Soll ich vielleicht mit dem Fahrrad nach Spanien fahren? Oder mit dem Tretboot nach Amerika? Nein, natürlich fliege ich. Aber mit schlechtem Gewissen. Natürlich hätte ich lieber ein Windrad im Garten und eine Solaranlage auf dem Dach.

Da beides schwierig zu installieren wäre, heizen wir weiter mit Öl. Und mit schlechtem Gewissen. Und manchmal will man auch das Gute und erreicht das Gegenteil: So sind wir vor Jahren aufs Land gezogen und hofften, dort gesund und umweltbewusst leben zu können. Die nächste S-Bahn-Station ist zwölf Kilometer von unserem Dorf entfernt, und es gibt keine Busverbindung dorthin. Ohne Auto bin ich verloren. Mein Mann auch. Unser Sohn auch. Macht drei Autos. Wenn ich vorschlage, eines abzuschaffen, sagt mein Sohn: »Gute Idee! Aber nicht meins.«

Kennen Sie das auch?

Freundschaft im Härtetest

Ich liebe meine Freundinnen, aber als Mütter sind einige von ihnen leider eine Katastrophe. Kein Wunder, wenn ihre Kinder zu jenen Tyrannen werden, die bereits Einzug auf die Sachbuch-Bestsellerliste gehalten haben. Ich könnte meinen Freundinnen schon sagen, was sie falsch machen. Aber sie fragen mich ja nicht. Und wenn ich ihnen ungefragt meinen wertvollen Rat erteile, stößt das seltsamerweise auf wenig Begeisterung.

Eine Freundin überschüttet ihre Kinder, kaum dass sie das Haus betreten haben, mit Anweisungen: »Geht-bitte-Händewaschen-danach-gibt-es-Essen-esst-aber-bitte-auch-Salat-erst-dann-gibt's-was-Süßes-und-später-könnt-ihr-fernsehen-aber-höchstens-eine-halbe-Stunde-habt-ihr-eure-Hausschuhe-an-nein-jetzt-gibt-es-keine-Limo-mach-bitte-die-Badezimmertür-zu« usw. usw. Man kann regelrecht sehen, wie die Kinder ihre Ohren zuklappen und die ganze Litanei an sich vorbeirauschen lassen. Fünf Minuten später sitzen sie Gummibärchen kauend vor dem Computer und lassen ihr Essen kalt werden.

Eine andere Freundin, alleinerziehende Mutter, sieht tatenlos zu, wie ihr pubertierender Sohn grußlos die Wohnung betritt, mit einer aufgewärmten Tiefkühlpizza und zwei Tüten Chips vor dem Computer verschwindet und bis morgens um drei nicht mehr aus seinem Zimmer kommt. Als ich entsetzt frage, wieso sie das zulässt, zuckt sie resigniert die Schultern. »Ich kann doch eh nichts machen.«

Nicht dass ich mich für eine begnadete Erzieherin halten würde; auch ich mache eine Menge falsch, bin oft inkonsequent, ungeduldig oder aufbrausend. Aber muss Erziehung nicht was anderes sein als erdrückende Fürsorge oder simples Laufenlassen?

Der ultimative Härtetest für jede Freundschaft ist ein gemeinsamer Urlaub. Wie unter einem Brennglas kommen nicht nur die schlechten Eigenschaften aller Beteiligten ans Licht, sondern auch der jeweilige Erziehungsstil.

Den eigenen Kindern verspricht man ein Eis pro Tag – die Kinder der anderen Familie kriegen drei. (»Sind doch Ferien!«)

Den eigenen Kindern schärft man ein, am Strand niemanden zu nerven – die anderen werfen ungehindert mit Sand herum. (»Sind doch Kinder!«)

Die eigenen Kinder schickt man um zehn ins Bett, damit man noch ein bisschen Ruhe hat – die anderen turnen bis Mitternacht herum und stören jedes Erwachsenengespräch. (»Sind doch so gut drauf!«)

Die Freunde halten einen für kleinmütige Spießer, die ihren Sprösslingen nicht mal in den Ferien ein bisschen Spaß gönnen, und am Ende wünscht man sich nur noch eines: Urlaub ohne Freunde. Oder: Urlaub mit Freunden, aber ohne Kinder.

Sätze, die ich nicht mehr hören will!

Kennen Sie diese Sprüche, die einem die Nackenhaare hochtreiben? Einer davon lautet: »Nehmen Sie doch noch ein zweites Stück Torte – Sie können sich's schließlich leisten!« Damit das ein für alle Mal klar ist: Leisten kann ich mir das zweite Stück Torte nur, weil ich es n i c h t esse. Hätte ich es jedes Mal gegessen, wenn mich jemand dazu aufgefordert hat, wäre ich zwanzig Kilo schwerer.

»Haben Sie's nicht kleiner?« Nein, verdammt. Wenn ich es kleiner hätte, würde ich ja nicht mit einem Schein bezahlen. Seit wann ist es der Job von uns Kunden, dafür zu sorgen, dass Kassiererinnen und Taxifahrer genug Wechselgeld haben?

»Da kann ich Ihnen leider nicht helfen, aber ich verbinde Sie gerne weiter.« Wenn ich das schon höre! Dann weiß ich, dass ich die nächste Stunde in einer musikalischen Warteschleife hänge, regelmäßig unterbrochen von dem nächsten Satz-den-ich-nicht-mehr-hören-will: »Wir bitten um etwas Geduld, der nächste freie Mitarbeiter ist gleich für Sie da.« Nach fünfzehn Minuten gebe ich entnervt auf, wähle erneut die Nummer der Zentrale und erreiche wieder jemanden, der mich weiterverbinden will.

An diesem Punkt werfe ich das Gerät, dessen technisches Problem ich mittels eines Anrufes bei der Hotline lösen wollte, aus dem Fenster. (Nun wissen Sie, warum ich nur über eine verschwindend geringe Anzahl technischer Geräte verfüge.)

Mehrmals täglich höre ich von meinen Kindern: »Du, Mama, ich muss dich mal was fragen.« Gespannt warte ich, was sie von mir wissen wollen. Von mir, ihrer Mutter, die so viel Lebenserfahrung hat, so viel weiß und ihnen sagen könnte, wer das Libretto zur »Zauberflöte« geschrieben hat, was der kategorische Imperativ ist oder wie man einen Knopf annäht. Meistens fragen sie: »Könntest du mir ein bisschen Geld leihen?«

Unsere Umgangssprache unterliegt gewissen Moden, die einem ziemlich auf die Nerven gehen können. Meine Lieblingshassformulierung ist: »Wir sind gut aufgestellt.« Vorstandsvorsitzende, Politiker, Fernsehredakteure, ja sogar der Bäcker an der Ecke: Alle sind plötzlich »gut aufgestellt«. Wo denn bloß? Auf dem Schachbrett? Im Feld? Und wofür? Um in die Schlacht zu ziehen?

Mein jüngster Nackenhaarsträuber heißt: »Am Ende des Tages«. Das heißt nichts anderes als »unterm Strich«, klingt aber viel bedeutungsvoller. Dabei passiert am Ende des Tages nur eines: Es wird dunkel, und wir gehen ins Bett. Da müssen wir dann zum Glück auch nicht mehr diesen Leuten zuhören, die statt »Ja« nur noch »Okaaay?« sagen, mit diesem leicht fragenden, nach oben ziehenden Tonfall, der einem das Gefühl gibt, sie hielten einen für geisteskrank. Schließlich habe ich noch meine Tochter gefragt, welcher Satz sie am meisten nervt. Sie verdrehte die Augen und sagte: »Du bist aber groß geworden!«

Das immerhin sagt keiner mehr zu mir!

Sehnsucht nach dem wilden Leben

Wie ich meine Freundin Anja beneide! Anja kann nächtelang durchfeiern, sie trinkt, sie raucht, sie schläft wenig oder gar nicht – und ist am nächsten Morgen frisch und munter, während ich nach dem Genuss eines einzigen Glases Prosecco zwei Tage mit Migräne im Bett liege. Und Anja feiert nicht nur einmal im halben Jahr, sondern mindestens einmal pro Woche. Das ist doch ungerecht! Ich möchte, dass auch mein Leben ein Rausch ist! Ich möchte die Nächte durchtanzen, Grenzen überschreiten, die Kontrolle verlieren. Wofür bin ich denn erwachsen, wenn nicht dafür, all die Dummheiten zu machen, die ich meinen Kindern verbiete?

Nicht mal, als ich jung war, konnte ich die Sau rauslassen. Von Alkohol bekam ich auch damals schon Kopfschmerzen, vom Rauchen wurde mir schlecht, vom Kiffen will ich gar nicht reden. Stärkere Rauschmittel verboten sich daher von selbst, und so lebte ich schon als Zwanzigjährige wie eine evangelische Religionslehrerin. Na gut, ich kannte ein paar mehr Jungs. Der Rausch der Verliebtheit hatte den Vorteil, keinen Kopfschmerz zu verursachen, dafür Seelenschmerz. Das hielt mich nicht davon ab, mich häufig (und häufig unglücklich) zu verlieben.

Aber was mache ich jetzt, als verheiratete Frau von fünfzig Jahren? Alkohol fällt immer noch aus – wenn ich früher nach zwei Gläsern Wein unterm Tisch lag, genügt heute eines. Rauchen schmeckt mir nicht mehr. Kiffen, in meinem Alter? Meine Kinder sollen sich ja nicht für mich schämen. Und mit dem Rausch der Verliebtheit ist es so eine Sache. Es ist ja nicht so, dass die Bewerber bei fünfzigjährigen Frauen Schlange stünden (das würde mein Mann sich auch verbitten). Aber soll ich vielleicht auf der Straße Männern hinterherpfeifen, um Aufmerksamkeit zu erregen? Man stelle sich nur vor, ich würde tatsächlich einen kennenlernen – was würde ich mit ihm anfangen? Man kommt ja in 18 Jahren Ehe ein bisschen aus der Übung beim Flirten. Und würden Sie sich vor einem fremden Mann ausziehen wollen? Ich nicht.

Das Rausch-Ersatzmittel Shoppen wirkt bei mir nicht. Spätestens, während ich den Kreditkartenbeleg unterschreibe, ist das Hochgefühl vergangen und macht einer Ernüchterung Platz, die in keinem Verhältnis zum Genuss des Einkaufens steht. Religiöse Ekstase ist auch nicht mein Ding.

Also, woran könnte ich mich denn nur berauschen???

Ich bitte um Ihre Vorschläge, liebe Leserinnen! Ist Ihnen ein legales, nur mäßig gesundheitsschädliches

Rauschmittel bekannt, von dessen Genuss man keine Kopfschmerzen kriegt und nicht am nächsten Morgen zehn Jahre älter aussieht, als man ist?

Was sagen Sie? SEX? Mit dem eigenen Mann? Sie bringen mich vielleicht auf Ideen ...

Welches Gesicht zu welchem Anlass?

Nicht nur die Frage, welches Outfit man zu einem Anlass trägt, ist entscheidend für einen gelungenen Auftritt, auch der angemessene Gesichtsausdruck ist von größter Bedeutung, zumal heutzutage bei jedem Event irgendein Nervtöter mit der Digitalkamera unterwegs ist, der ein heimliches Augenverdrehen oder Gähnen festhalten und uns damit kompromittieren könnte.

Nehmen wir an, wir sind zu einer Hochzeit eingeladen. Wir kennen die Braut und wissen, dass sie ein durchtriebenes, geldgieriges Luder ist, die den Bräutigam nicht leiden kann und nur an Land gezogen hat, weil er der Erbe eines großen Unternehmens ist. Wie sollen wir es da schaffen, ein strahlendes Lächeln aufzusetzen und so zu tun, als könnten wir uns vor Freude über die gelungene Verbindung kaum mehr einkriegen?

Oder die alljährliche Martinsgans bei unserem Chef, die jedes Mal trocken und verbrannt ist und die wir gemeinsam mit Kollegen verspeisen müssen, denen wir schon am Arbeitsplatz möglichst aus dem Weg gehen. Bei der Anstrengung, die es uns kostet, ein freundliches

Gesicht zu machen, bekommen wir unweigerlich Muskelkater in der Wangenmuskulatur.

Ganz schlimm sind Beerdigungen. Einerseits ist man traurig, andererseits trifft man dort meist Leute, die man kennt und mit einem Lächeln begrüßen möchte, weil man sich – trotz allem – freut, sie zu sehen. Bei einer Beerdigung zu lächeln geht aber irgendwie nicht. Also unterdrückt man den Impuls und behält seine Leichenbittermiene auf. Weil das so unnatürlich ist, fühlt man sich wie ein schlechter Schauspieler in einem sehr schlechten Film. Wenn dann noch irgendwas Komisches passiert, ist man verloren, denn oft befällt einen gerade dann ein Lachkrampf, wenn es am unpassendsten ist.

Wie praktisch wäre es, wenn es für alle Anlässe Masken gäbe, die unsere Gesichtszüge zeigen (vielleicht sogar mit ein paar Fältchen weniger) – und dazu den jeweils passenden Gesichtsausdruck. Falls sich jemand dieser Marktlücke annehmen möchte: Ich bestelle schon mal eine Hochzeit-und-andere-freudige-Anlässe-Maske, eine Beerdigungs-Maske und eine Verbrannte-Martinsgans-und-andere-Zumutungen-Maske.

Sie haben da was!

Kennen Sie das? Sie sind auf einer Party, amüsieren sich köstlich, plaudern und lachen. Irgendwann gehen Sie zur Toilette. Beim Händewaschen sehen Sie sich im Spiegel an und stellen fest, dass Ihre Wimperntusche bis zum Kinn verlaufen ist und ein Blättchen Petersilie zwischen Ihren Schneidezähnen steckt. Sie möchten im Erdboden versinken, vorher aber noch Ihren Mann umbringen, der den ganzen Abend neben Ihnen stand und kein Wort gesagt hat. Später, zur Rede gestellt, wird er sich dann damit entschuldigen, dass er es nicht bemerkt hätte.

Wir sind geneigt zu fragen, was Männer überhaupt bemerken, aber das ist ein anderes Thema.

Wenn man einigermaßen menschenfreundlich veranlagt ist, möchte man anderen solche Peinlichkeiten ersparen. Die Frage ist nur, wie man das anstellen soll, ohne dass es noch peinlicher wird. Wenn es sich um jemanden handelt, der einem nahesteht, ist es einfach. Ein geflüstertes »Schatz, du hast da was« und ein diskreter Hinweis, wo sich die Problemzone befindet – schon ist der Soßenrest im Mundwinkel oder die Nudel auf der Manschette (wie kommt die da bloß hin?) entfernt.

Was aber tun, wenn wir die Person nicht so gut kennen oder es sich um jemanden handelt, der hierarchisch über uns steht? Geradezu zwanghaft heftet sich unser Blick auf die bekleckerte Krawatte oder das an der Jacke baumelnde Preisschild des Personalvorstandes, aber wir trauen uns nicht, was zu sagen. Irgendwie finden wir es zu ... intim. Lieber nehmen wir in Kauf, dass er sich weiter lächerlich macht. Dabei wären wir in der gleichen Situation sicher dankbar, wenn uns jemand retten würde.

Aber es gibt weit Schlimmeres als Flecken oder baumelnde Preisschilder.

Neulich wohnte ich einer Szene bei, die mir jetzt noch den Schweiß auf die Stirn treibt. Zu dritt standen wir um unseren Gastgeber, an dessen Nase etwas hing, was da nicht hängen sollte. Angestrengt betrieben wir Partykonversation mit ihm, ohne dass er arme Kerl ahnte, ihn welch prekärer Lage er sich befand. Die ganze Zeit überlegte ich fieberhaft, was schlimmer für ihn wäre: Wenn er das Malheur später vor dem Spiegel entdecken oder wenn einer von uns ihn darauf hinweisen würde. Ich kam zu keiner Lösung. Vermutlich gibt es auch keine. Bis ans Ende meines Lebens werde ich zwangsläufig bei jeder Begegnung mit dem Mann an diesen Moment denken. Hoffentlich geht's ihm nicht genauso.

Keine Zeit zum Wohnen

»Wohnen Sie noch oder leben Sie schon?«, will der große, schwedische Möbelkonzern von uns wissen. Ich finde, die Frage ist falsch gestellt. Dass ich lebe, steht fest. Aber: Wohne ich auch? Ich sitze auf Stühlen, ich hocke auf dem Sofa, ich liege im Bett – aber wohnen? Dafür habe ich gar keine Zeit. Wohnen erfordert Muße. Da einen Sessel verrücken, dort einen Strauß Blumen hinstellen, hier eine Decke drapieren. Einen Schritt zurücktreten und das Ergebnis betrachten. Und alles wieder anders gestalten.

Manchmal würde ich gerne hauptberuflich wohnen. Nichts anderes tun müssen, als dafür zu sorgen, dass es zu Hause schön ist. Dass alles an seinem Platz ist, dass die Beleuchtung stimmt, dass die Gläser zum Geschirr passen und das Geschirr zur Tischdecke.

Bei uns zu Hause ist nie irgendwas an seinem Platz, die Gläser sind aus verschiedenen Epochen zusammengewürfelt, das Geschirr ist zerkratzt und angeschlagen, und eine Tischdecke besitzen wir, glaube ich, gar nicht. (Ich muss mal in all diesen Schubladen nachsehen, wo sich seit zwanzig Jahren alles Mögliche angesammelt hat, weil ich nie Zeit zum Ausmisten habe.) Allein die Verschleißerscheinungen, die entstehen, wenn vier Menschen und ein Kater in einem Haus leben, halten mich so auf Trab, dass an dekoratives Gestalten gar nicht zu denken ist. Natürlich gibt es ein Schuhregal, aber niemand stellt seine Schuhe rein. Sie stehen, liegen, purzeln und türmen sich auf dem Boden davor. Mäntel und Jacken hängen an einer durchgebogenen Kleiderstange, auf Plastikbügeln, Drahtbügeln, Holzbügeln, alles durcheinander. Wenn Gäste kommen, ist nie ein Bügel frei. Die Schultaschen der Kinder liegen im Flur herum, die Betten sind ungemacht. (»Wieso soll ich morgens das Bett machen, wenn ich abends eh wieder drin schlafe?«) Außerdem sind sämtliche Sitzmöbel mit Katzenhaaren bedeckt.

Warum bloß schaffe ich es nicht, dass es in unserem Haus auch nur ein bisschen so aussieht wie in diesen Wohnungen und Häusern, die in Zeitschriften abgebildet sind? Da wohnen auch Kinder und Katzen und sogar Hunde, und trotzdem ist es da gepflegt und ordentlich.

Ich liebe diese Wohnungen, in denen hauptberuflich gewohnt wird. Da steht in jeder Ecke ein liebevoll arrangiertes Stillleben aus Erinnerungsstücken, da sind die Kissen mit Stoff bezogen, der aus dem letzten Urlaub in Marokko stammt, da hängen hübsch gerahmte Familienfotos an der Wand, da wird angeschlagenes Geschirr sofort durch neues ersetzt, natürlich aus derselben Kollektion wie das alte, da stehen Schuhe in geschlossenen Schuhschränken, und Mäntel hängen in einer Garderobe. In diesen Wohnungen gibt es keine zugemüllten Schubladen, Bücherstapel, Zeitungsstapel und Klamottenhaufen.

Und an allem ist mal wieder die Emanzipation schuld. Würde ich nicht darauf beharren, einer Arbeit nachzugehen, könnte ich hauptberuflich wohnen. Dann würde es anders aussehen bei uns. Besucher finden es übrigens gemütlich. Sie sagen: »Endlich mal nicht so ein durchgestyltes Wohnambiente, sondern ein bewohntes Haus!« Na, wenigstens haaren die Kinder nicht.

Das muss jetzt mal gesagt werden

Manchmal frage ich mich, warum die Menschen das Offensichtliche nicht sehen können. Oder wollen. Und dann würde ich mich gerne irgendwohin stellen, wo viele Menschen sind – auf den Münchner Marienplatz oder vor das Hamburger Rathaus –, und es ihnen endlich sagen.

»Hallo, ihr da alle!«, würde ich rufen. »Ich habe euch was Wichtiges mitzuteilen!« Die Leute würden stehen bleiben, erstaunt gucken, sich um mich scharen. Und dann würde ich ihnen mal ein paar Sachen erklären. Dass man mit Lotto spielen sehr wahrscheinlich nicht reich wird. Dass man nicht nur fettes, ungesundes Zeug in sich reinstopfen und sich dann über seinen Schwabbelbauch beklagen kann. Dass man nicht glücklicher wird, wenn man sich das Gesicht liften oder die Lippen aufspritzen lässt. Alles Dinge, die eigentlich jeder wissen sollte, aber viele nicht zu wissen scheinen. Und vor allem nicht wissen wollen. Noch bevor ich mit meinem Aufklärungsvortrag fertig wäre, würde vermutlich die Polizei vorfahren und zwei freundliche junge Beamte würden mich abführen.

Bleiben wir bei den Schönheitsoperationen: Warum spricht nicht endlich jemand öffentlich aus, was jeder sehen kann: dass Facelifting eine Frau nicht schöner macht, sondern sie aussehen lässt wie Frankensteins Braut. Verschobene Augenbrauen, unnatürlich ausgepolsterte Wangen, alberne Stupsnasen, festgezurrte Stirnmuskulatur. Und darauf ein unsichtbares Schild mit großen Lettern: ICH HABE PROBLEME MIT DEM ÄLTERWERDEN. Was für eine Demütigung! Warum tun Frauen sich das an? Und warum spielt alle Welt dabei mit wie bei des Kaisers neuen Kleidern? »Seht nur, wie schön sie ist, wahrscheinlich hat sie eine neue Gurkenmaske ausprobiert!«, ruft das Volk, und hinter vorgehaltener Hand tuschelt es: »Wie sieht die denn aus? Ist die unter einen Mähdrescher gekommen?«

Eines Tages kam eine Journalistin als Gast in meine Talkshow, die ich immer sehr bewundert habe, weil sie kämpferisch, klug und souverän war, außerdem eine hochattraktive Frau. Als sie den Gästeraum betrat, wandelte sich meine Vorfreude in Enttäuschung. Ein aufgeworfenes Entenschnäuzchen, das dem Gesicht einen dümmlichen Ausdruck gab, wölbte sich mir entgegen. Schlagartig war meine Bewunderung dahin. Ich konnte nichts mehr von dem, was sie sagte, ernst nehmen. Eine Frau, die tatsächlich glaubt, aufgespritzte Lippen würden sie attraktiver machen, kann ich nicht mehr bewundern. Nur noch bemitleiden.

Hängende Lider, die das Sehen behindern, ein nicht

vorhandener Busen oder einer, der so groß ist, dass er Haltungsschäden verursacht, eine komplett deformierte Nase oder schlimme Unfallnarben – es gibt viele gute Gründe, sich unters Messer zu legen. Hätte ich einen, auch ich würde es tun. Aber sich zur Barbiepuppe umoperieren lassen, weil Männer das angeblich schön finden? Haben Sie jemals einen Mann sagen hören: »Eigentlich wollte ich meine Frau ja verlassen. Aber dann kam sie vom Liften zurück, und da war ich so von den Socken, dass ich bei ihr geblieben bin!«? Na, den müssen Sie mir zeigen!

Feigheit vor dem Freund

Kennen Sie das? Sie sind zum Essen eingeladen. Die Gastgeberin ist eine bekannt schlechte Köchin und macht ihrem Ruf an diesem Abend alle Ehre. Der Salat ist sauer und schmeckt nach rohen Zwiebeln, das Fleisch ist trocken, die Soße fad, der Nachtisch viel zu süß. Alle am Tisch übertreffen sich gegenseitig darin, das Essen in den höchsten Tönen zu loben. »Das ist ja köstlich!« – »Wie hast du das nur so zart hingekriegt?« – »Verrätst du uns das Rezept?«

Ich beiße mir auf die Zunge und sage nichts, weil ich nicht lügen, aber auch nicht unhöflich sein will.

Einige der Gäste sind mir nicht bekannt, umso neugieriger höre ich zu, was gesprochen wird. Erst ist es nur der übliche Small Talk, dann nimmt die Unterhaltung eine Wendung ins Politische. Auf einmal sagt ein offensichtlich wohlsituierter Herr (Kaschmirpulli, Seidenkrawatte, Budapester Schuhe): »Man müsste Hartz IV radikal kürzen, dann würden die Leute schon arbeiten. Wer soll denn diese hohen Sozialleistungen bezahlen?«

Mir fällt sofort eine Entgegnung ein: »Du natürlich,

du blöder Kaschmir-Fuzzi. Du und ich und all die anderen, die sorglos an schön gedeckten Tischen rumsitzen und teuren Rotwein trinken, weil sie in ihrem Leben Bildungschancen hatten, von denen die Empfänger dieser Sozialleistungen nur träumen können!« Natürlich sage ich es nicht laut. Und ärgere mich hinterher darüber.

Mein Tischherr langweilt mich mit endlosen Schilderungen seiner Verdienste um den Vertrieb einer neuartigen Software. Ich unterdrücke ein Gähnen und denke, dass ich viel lieber wissen würde, wie er es mit seiner grässlichen Frau aushält (die gegenüber sitzt und uns unablässig mit Blicken kontrolliert), ob er schon mal gekifft oder in einem Moment der Überforderung seine Kinder geschlagen hat. Natürlich traue ich mich nicht, ihn zu fragen, und so labert er weiter und glaubt vermutlich auch noch, ein grandioser Unterhalter zu sein.

Warum ist es bloß so schwierig, ehrlich zu sein, ohne unhöflich zu werden? Wenn ich in diesen Situationen sagen würde, was ich denke, würde es unweigerlich zum Eklat kommen. Wenn ich aus Freundschaft zu den Gastgebern die Klappe halte, fühle ich mich feige und verlogen. Am Ende solcher Abende bin ich wütend auf mich selbst und lasse es auf der Rückfahrt an meinem Mann aus. Wir streiten, er verzeiht mir, und dann ziehen wir gemeinsam über die Gäste her. Wenigstens einer, bei dem ich ehrlich sein darf!

Wahnsinn Weihnacht

Völlig unerwartet steht auch dieses Jahr plötzlich Weihnachten vor der Tür. Lagen wir nicht neulich noch am Strand in der Sonne? War nicht kürzlich erst September? Und nun sind es nur noch vier Wochen! Mein Gott, wie soll ich bloß bis dahin alles schaffen? Die Geschenke sind eigentlich nicht das Problem; ich verschenke meistens Gutscheine, die machen wenig Arbeit und wenn man Glück hat, werden sie nicht eingelöst. Auch der dreitägige weihnachtliche Fressmarathon ist seit Jahren eingeübt, irgendwo liegen noch die Einkaufslisten vom vergangenen Jahr, die nehme ich einfach wieder her. Weihnachtskarten habe ich noch nie verschickt, eigentlich könnte ich mich also auf eine geruhsame Vorweihnachtszeit freuen. Aber weit gefehlt.

Jedes Telefonat, das man ab Mitte November führt, endet unweigerlich mit den Worten: »Sehen wir uns eigentlich noch vor Weihnachten?«

»Ja, klar«, sagt man leichtsinnig, und schon hat man wieder eine Verabredung zum Adventstee, Nikolausbrunch oder weihnachtlichen Abendessen im Kalender stehen. Dabei hat sich doch in den letzten Jahren immer wieder herausgestellt, dass die Welt am 24. 12. gar nicht untergeht! Dass man sich ohne Weiteres auch für nach Weihnachten verabreden könnte. Oder für irgendwann im Februar, wenn eh nichts los ist. Nein, alles muss unbedingt noch »vor Weihnachten« passieren. Und so schließt man nicht nur schnell einen Bausparvertrag und eine Riester-Rente ab, überweist Spenden an soziale Einrichtungen und verteilt Trinkgelder an den Zeitungsmann, die Müllfahrer und den Briefträger, sondern feiert schon in der Vorweihnachtszeit, als gäbe es kein Morgen. Bis zum 24. Dezember hat man bereits drei Kilo zugenommen und ist reif für einen Kuraufenthalt. Dabei beginnt ja die eigentliche Anstrengung erst – denn dass Weihnachten der Entspannung dient, behauptet ja wohl niemand ernsthaft.

Alles, was wir bis zu diesem magischen Termin nicht geschafft haben, wird in die Zeit »zwischen den Jahren« geschoben, von der ich bis heute nicht weiß, wann die eigentlich sein soll. Jedenfalls glauben die Leute, sie müsste zwei bis drei Wochen lang sein, so viele Termine soll man nämlich in den paar Tagen zwischen Weihnachten und Silvester unterbringen. »Zwischen den Jahren« könnte man doch mal einen Spaziergang machen, ins Kino gehen, einen Besuch bei der einen Oma machen, einen bei der anderen, die tolle 24-teilige amerikanische Serie auf DVD ansehen, die man im Jahr zuvor zu Weihnachten bekommen hat, die Schwiegereltern ins Theater ausführen, endlich mal in Ruhe shoppen. Die meisten Vorhaben scheitern, weil man immer viel zu lange schläft. Am Ende von »zwischen den Jahren« ist man froh, wenn man eine Oma und einen Kinofilm gesehen hat. Mein Lieblingstag nach all dem Wahnsinn ist der 1. Januar. Da liegen meine Mitmenschen verkatert in ihren Betten, die Welt ist angenehm ruhig, niemand will sich mit mir verabreden oder kommt auch nur auf die Idee anzurufen. Herrlich. So sollte es immer sein.

Letzte Worte

Nachruf auf einen Bonsai

Der Bonsai ist tot. Nur ein paar Wochen lebte er bei uns, und nun stehe ich fassungslos vor seinem kahlen Gerippe. Innerhalb weniger Tage wurden seine Blätter braun, dann fielen sie ab. Als wäre es plötzlich Herbst geworden, dabei hat gerade der Sommer angefangen. Eine Weile habe ich noch gehofft und täglich nachgesehen, ob sich nicht irgendwo eine grüne Knospe zeigt, aber nichts. Gegossen habe ich ihn, gedüngt habe ich ihn, alles genau nach Vorschrift, und trotzdem geht dieser Mistkerl ein. Das ist doch nicht fair!

Das Schlimme ist: Der Bonsai war das Geschenk eines guten Freundes. Und nun habe ich Angst, dass der Freund uns besucht und Ausschau nach ihm hält. Wenn er ihn nicht sieht, wird er denken, ich mag den Bonsai nicht und habe ihn irgendwo hingestellt, wo man ihn nicht sehen kann. Damit er das nicht denkt, muss ich zugeben, dass er tot ist. Und ich stehe als Bonsai-Mörderin da.

Ehrlicherweise muss man sagen, dass es grob fahrlässig von unserem Freund war, mir einen Bonsai zu schenken. Ich bin bekannt dafür, dass Zimmerpflanzen meine Fürsorge selten länger als ein paar Wochen überleben. Vermutlich begehen sie Selbstmord, um meiner Pflege zu entgehen. Aber bei diesem Bonsai habe ich mir so viel Mühe gegeben! Vielleicht zu viel. Habe ich ihn überdüngt? Habe ich ihn ertränkt? Ihn zu hellem Licht ausgesetzt?

In dem ehrlichen Bemühen, diesmal alles richtig zu machen, habe ich doch wieder etwas falsch gemacht. Ich werde nie erfahren, was es war, weil Pflanzen leider die Angewohnheit haben, nicht zu sprechen. Vielleicht ist es das, was mich an ihnen stört: Sie erinnern mich an Männer. Stehen in unserer Wohnung rum, beanspruchen jede Menge Aufmerksamkeit und Pflege, aber kriegen das Maul nicht auf. Vielleicht musste der Bonsai sterben, weil ich in Wahrheit meinen Mann erledigen wollte.

Dabei gehört der ja zu den Männern, die sprechen können, wenn sie wollen. Nur will er leider nicht immer. Morgens zum Beispiel, da bin ich in Plauderlaune. Mein Mann liest lieber Zeitung. Da habe ich eben angefangen, mit dem Bonsai zu sprechen. Wahrscheinlich hätte der auch lieber Zeitung gelesen, er hat aber nichts gesagt, der blöde Kerl. Und so habe ich ihn einfach totgeredet.

Schicksal? Egal!

Mein Mann glaubt daran, dass es sich lohnt, gut zu sein, weil man damit das Schicksal gnädig stimmen könne. Ich hingegen bin der Meinung, dem Schicksal ist es scheißegal, wer sich wie benimmt – es schlägt einfach zu, wahllos und ungerecht. Ich vermute mal, es ist seine katholische Erziehung, die meinen Mann an die Gnade glauben lässt. Ist ja auch ein schöner Gedanke, der vermutlich dazu führt, dass viele Menschen sich besser benehmen, als sie es sonst tun würden. Leider sprechen die Fakten dagegen, denn wir erleben ja täglich, dass Mitmenschen, die noch nie etwas Böses getan haben, von den schlimmsten Schicksalsschlägen heimgesucht werden, während der unsympathische Autohändler, der garantiert das Finanzamt betrügt, Kunden über den Tisch zieht und eine Menge Geld scheffelt, bei Günther Jauch gleich noch ein paar Millionen hinterhergeschmissen kriegt.

Ich habe zwar auch gelernt, dass der Mensch gut sein soll, aber mehr so aus Prinzip und fürs eigene Wohlbefinden. Sich beim Schicksal einschleimen kann man damit nicht. Glück ist etwas, was uns zufällig und unverdient widerfährt, leider gilt dasselbe fürs Unglück.

Eigentlich müsste ich mit dieser Überzeugung entspannt durchs Leben gehen können, da ich ohnehin nichts ändern kann. Ich sollte furchtlos mit dem Fallschirm aus Flugzeugen springen, durch die Wüste reiten und gefährliche Naturvölker aufsuchen. Die Wahrheit ist, dass ich mir von morgens bis abends Sorgen darüber mache, was alles passieren könnte, und zwar bei uns zu Hause, im wüstenfreien und sicheren Oberbayern.

Da ich mich für einen vom Schicksal bislang begünstigten Menschen halte, warte ich täglich auf einen Vergeltungsschlag. Irgendwann wird es passieren, das schreckliche Unglück, das mein Leben völlig aus der Bahn wirft, und da heißt es, vorbereitet zu sein. Also male ich mir gerne bis in alle Einzelheiten aus, wie ich verarmt und verlassen mein Leben friste, im Rollstuhl umhergefahren werde oder weinend am Grabe eines Angehörigen stehe.

Frei nach Woody Allen, der sich wundert, wie Menschen das Leben überhaupt genießen können, da es doch mit dem Tod endet, verderbe ich mir mit Hingabe alles Schöne, aus Furcht, es könnte irgendwann vorbei sein. Aber was für eine Erleichterung, immer wieder festzustellen, dass – wider Erwarten – doch nichts Schlimmes passiert ist! Das sind die größten Glücksmomente überhaupt, und davon habe ich viele, jeden Tag!

Die Sache mit dem lieben Gott

Wissenschaftlich gesehen ist es sinnvoller, an Gott zu glauben, als nicht an Gott zu glauben. Wenn es ihn gibt, ist man fein raus. Und wenn nicht, ist es auch kein Schaden.

Ich beneide Menschen, die sich ihres Glaubens sicher sind. Mein Verhältnis zu Gott ist eher widersprüchlich: Ich glaube nicht, dass es ihn gibt, schicke aber regelmäßig Stoßgebete an ihn. Vor dem Start eines Flugzeuges (bitte, lieber Gott, mach, dass es oben bleibt!), nach geglückter Landung (danke, lieber Gott, danke, danke!); wenn bei meiner Tochter eine Mathearbeit ansteht (so, lieber Gott, jetzt kannst du mal zeigen, was du kannst!), oder als mein Sohn für ein Jahr nach Amerika aufbrach (lieber Gott, wenn du je die Chance hattest zu beweisen, dass es dich gibt, dann jetzt!).

Ich finde, wenn Gott will, dass wir an ihn glauben, sollte er uns hie und da Beweise für sein Wirken zukommen lassen. Nicht in Erscheinung treten, aber erwarten, dass wir ihn für existent halten, ist doch ein bisschen viel verlangt. Zumal es eine Menge guter Gründe gibt, seine Existenz in Zweifel zu ziehen. Mal abgesehen von seiner fragwürdigen Rolle bei der Abwehr von alltäglichem Unglück und Leid – spätestens bei Terrorakten und Kriegen, die in seinem Namen begangen werden, müsste er doch wohl eingreifen. Aus der Tatsache, dass sich der Himmel bisher nicht geöffnet hat und kein warnender Zeigefinger erschienen ist, müssen wir schließen, dass Gott entweder ein narzisstischer Charakter ist, der es gut findet, wenn die Leute sich in seinem Namen die Köpfe einschlagen, oder dass er nicht eingreifen kann, weil er nicht existiert.

Vor einiger Zeit machte ein Buch Furore, das die Religion zur Wurzel allen Übels erklärt und Gott zu einer Erfindung des Menschen, der es nicht erträgt, der Willkür eines Daseins ausgeliefert zu sein, in dem es keine Gerechtigkeit gibt und keinen tieferen Sinn. Zugegeben, diese Vorstellung ist nicht schön, deshalb versuchen ja auch Zweifler wie ich, Gott herauszufordern und dazu zu bringen, uns an ihn glauben zu lassen.

Ich denke auch, dass fanatische Religiosität die Ursache für sehr viel Unglück ist. Gleichzeitig möchte ich mir nicht vorstellen, wie eine Welt aussehen würde, in der keiner mehr an einen strafenden Gott und ein Jenseits glaubt, in dem man für sein Verhalten auf Erden zur Rechenschaft gezogen wird. Aus welchem Grund Menschen gut sind, ist mir egal, auch wenn ihr Lebenswandel auf der vermutlich irrtümlichen Annahme beruht, sie könnten Punkte fürs Jenseits sammeln. Zum Beispiel die amerikanischen Gasteltern unseres Sohnes: Die nehmen zu ihren beiden eigenen Kindern zwei Gastschüler aus dem Ausland in ihre Familie auf, teilen das wenige, was sie besitzen, mit ihnen und tun alles, damit die beiden eine großartige Zeit verleben. Und das alles für Gotteslohn. Warum? Weil in ihrem Glauben Gastfreundschaft und Großzügigkeit wichtige Werte sind. Da ist mir ein irrender Gläubiger doch allemal lieber als ein Atheist, der sich im Recht befindet.

Was von uns bleibt

Manchmal stelle ich mir vor, was Archäologen in zweitausend Jahren von uns finden werden, wenn sie die Reste unserer Zivilisation ausgraben. Und was sie so darüber denken werden. Über Handys mit Swarovski-Steinen, zum Beispiel. Über Brotzeitdosen mit Prinzessin-Lillifee-Aufdruck, Gürtel mit Totenkopfschnallen, die giftgrünglitzernden Fingernägel einer mumifizierten Drogeriemarktkassiererin, tätowierte Arschgeweihe (an mumifizierten Ibiza-Liebhaberinnen), Penispiercings (an mumifizierten Hardrockliebhaber-Penissen) und so fort. Sofern sie nicht zufällig auch ein paar handgenähte englische Schuhe, einen Jaguar V8 und ein paar von Ulrich Wickerts preisgekrönten Krawatten ausgraben, müssen sie davon ausgehen, dass unsere Kultur zu Recht zu Grunde gegangen ist – am schlechten Geschmack.

Man stelle sich vor, die Archäologen finden, was ich kürzlich beim Bummel durch München gefunden habe: gleich zwei Geschäfte mit luxuriösen Accessoires für Mamis Liebling – nein, nicht fürs Kind, für den Hund! Da gibt es goldene Fressnäpfe im Louis-quatorze-Stil

(50 Euro), edles Hundefutter und Leckerli zum Preis eines Dreisternemenüs, Lammfelljäckchen für den Winterspaziergang (bis 400 Euro), handgeflochtene Hundekörbe mit Kaschmirdecke und Seidenkissen und kleine Hundesofas ab 1000 Euro aufwärts. Natürlich gibt's Schutzbrillen, damit Wauwau im Cabrio mitfahren kann, und Anhänger mit Brillis in Knochenform für Frauchen. Weiter im Angebot sind Plastikknochen zum Aufklappen, die man ans Fahrrad montieren und denen man bei Bedarf das Kacki-Aufsammel-Tütchen entnehmen kann – das einzig halbwegs sinnvolle Produkt inmitten einer Fülle von Dekadenz, die einen wünschen lässt, ein riesengroßer Hund käme vorbei und begrübe den ganzen Luxusramsch unter einem Riesenhaufen.

Bleibt zu hoffen, dass die Archäologen nicht auch die Wohnung einer Familie ausgraben, die heute von dem leben muss, was andere für ein Pinscher-Jäckchen hinlegen oder ihrem Liebling in der Woche an Leckerlis verfüttern. Dann könnte es nämlich sein, dass sie uns in zweitausend Jahren für das halten, was wir sind: eine Gesellschaft, die jeden Maßstab verloren hat. Vom Geschmack gar nicht zu reden.

Oma und Opa auf Weltreise

Was waren das für herrliche Zeiten, als ein positiver Schwangerschaftstest den sofortigen Jäckchenstrick-Reflex bei der werdenden Großmutter auslöste und die glückliche Schwangere sicher sein konnte, nach der Niederkunft einen allzeit bereiten Babysitter zur Verfügung zu haben. Auch Opa ließ sich gerne einspannen, er schreinerte eine Wickelkommode und strich das Kinderzimmer rosa oder hellblau.

Heutzutage ist alles anders. Auf die Mitteilung, sie bekomme ein Enkelkind, teilte meine Mutter mir mit, sie wolle auf keinen Fall Oma genannt werden, das mache alt. Außerdem stehe sie vorerst als Babysitter nicht zur Verfügung, sie plane gerade einen längeren Auslandsaufenthalt. Auch die Mutter einer Freundin reagierte wenig begeistert auf die frohe Botschaft: Wie könne die Tochter nur so dumm sein, mitten in der Ausbildung ein Baby zu kriegen. Sie solle bloß nicht glauben, dass sie ihr das Kind abnehme. Sie sei froh, dass ihr Jüngstes gerade zu Hause ausgezogen und sie endlich wieder ein freier Mensch sei.

Zur Ehrenrettung der beiden Damen muss ich sagen, dass beide begeisterte Großmütter wurden, als die Kinder erst mal da waren – allerdings zu ihren Bedingungen. Wenn sie Zeit und Lust hatten, kümmerten sie sich reizend um ihre Enkel. Aber wenn man sie wirklich gebraucht hätte, waren sie meistens mit anderen Dingen beschäftigt. Yoga-Kurse, Kunstreisen in die Toskana, ehrenamtliches Engagement – das Leben der Großmütter von heute ist ausgefüllt, und die Großväter stehen ihnen in nichts nach. Der eine geht den Jakobsweg, der andere umsegelt Kap Hoorn, der dritte gründet im Ruhestand eine eigene Firma und hat mehr Termine als je zuvor.

Soll ich Ihnen was sagen? Ich verstehe die Alten.

Als meine Tochter mir kürzlich mitteilte, sie wolle so früh wie möglich Kinder haben, erfasste mich blanke Panik.

Ich will doch noch um die Welt reisen, Spanisch lernen und Psychologie studieren! Frühestens mit siebzig will ich Großmutter werden! In den düstersten Farben malte ich meiner Tochter aus, wie sie mit einem schreienden Baby zu Hause sitzen würde, während ihre Freunde auf Partys gingen und jede Menge Spaß hätten. Wie sie ihr Studium abbrechen oder gar nicht erst beginnen würde, wie sie vom Kindsvater verlassen als alleinerziehende Mutter in sozial prekären Verhältnissen enden würde.

»Und noch was«, sagte ich drohend. »Ich will auf keinen Fall Oma genannt werden, klar?«

Trotzdem hab ich schon mal angefangen, ein Jäckchen zu stricken.
Vielleicht bin ich ja gerade auf Weltreise, wenn das erste Enkelkind kommt.

Es wird aufgegessen!

Wenn Sie meine Kolumne schon länger lesen, haben Sie bemerkt, dass ich nicht frei von gewissen Ticks bin. So kann ich zum Beispiel manche Dinge nicht wegwerfen, egal, wie viel davon sich im Haus ansammelt. Bei Schachteln, Büchern oder Schuhen ist das nur ein Platzproblem (wenn auch ein erhebliches). Leider kann ich aber auch keine Lebensmittel wegwerfen. Das führt dazu, dass sich in meinem Vorratsschrank längst abgelaufene Konservendosen, uralte Marmeladen und sogar Gewürze aus meiner Studentenzeit, den frühen Achtzigerjahren des letzten Jahrhunderts, finden. Ich bringe es einfach nicht fertig, sie zu entsorgen, ebenso wenig, wie ich Essensreste wegwerfen kann. Sorgsam bewahre ich noch den letzten Löffel Suppe, ein einzelnes Fleischklößchen oder ein paar Nudeln auf. Wenn niemand sich der Reste erbarmt, koche ich ein neues Gericht, in das ich die Reste einarbeite – worauf auch hier wieder ein Rest bleibt, der aufgehoben oder in ein neues Gericht eingearbeitet werden muss.

An dieser Macke ist natürlich – wie an allen anderen

– meine Mutter schuld. Wenn ich als Kind mein angebissenes Schulbrot wieder nach Hause brachte, hielt sie mir einen Vortrag über die armen Kinder in Biafra, die froh wären, wenn sie überhaupt etwas zu essen hätten. Obwohl ich nicht verstand, was die armen Kinder in Biafra davon hätten, wenn ich mein Brot aufessen würde, machte mir das solche Schuldgefühle, dass ich den Stullenrest zum Abendessen verzehrte.

Leider sind meine Kinder völlig frei von derartigen Schuldgefühlen, was dazu führt, dass seit Jahren i c h ihre angebissenen Schulbrote aufesse. Als sie klein waren, aß ich die Reste vom Babybrei, als sie größer wurden, die Reste von Nudeln und Kartoffelpüree, inzwischen esse ich ihre Hamburger- und Pommesreste, und wenn wir im Restaurant sind, würde ich am liebsten die Reste sämtlicher Gäste aufessen, weil ich den Gedanken nicht ertrage, dass all das Essen im Müll landet, während noch immer Kinder in Afrika und anderswo hungern.

Während eines Amerikaaufenthaltes lernte ich die schöne Sitte des Doggybags kennen: Man bittet den Kellner, die Essensreste einzupacken – angeblich für den Hund. Zurück in Deutschland bat ich beim nächsten Restaurantbesuch um etwas Alufolie, um zwei übrig gebliebene Semmelknödel und ein Stück Braten einzupacken. »Für unseren Bello«, erklärte ich. Die Bedienung unseres bayerischen Dorfrestaurants stemmte die Hände in die Hüften, blickte mich an und stellte lautstark fest: »Ihr habt's doch gar keinen Hund!«

»Du bist wie deine Mutter!«

Mit nichts konnte mein Mann mich früher schneller auf die Palme bringen als mit der Behauptung, ich sei wie meine Mutter. Wie meine Mutter??? Diese überfürsorgliche, besserwisserische, sich in alles einmischende Person, der ich so ähnlich sein wollte wie einer fleischfressenden Pflanze, nämlich überhaupt nicht? Jedes Mal, wenn er es wagte, das zu sagen, bekamen wir sofort den schönsten Ehekrach.

Es nervte mich schon, wenn ich – wegen unserer angeblich so ähnlichen Stimmen – am Telefon mit meiner Mutter verwechselt wurde, oder Bekannte meiner Mutter betonten, wiiiiiieeeee äääähnlich ich ihr sei, wenn sie mich zufällig im Fernsehen gesehen hatten.

Ich wollte nicht klingen wie meine Mutter, ich wollte nicht aussehen wie meine Mutter, und schon gar nicht wollte ich sein wie sie.

Mit der Zeit jedoch musste ich feststellen, dass mein Widerstand zwecklos ist. Wenn ich mich unerwartet in einem Schaufenster spiegele, fühle ich mich an meine Mutter erinnert. Ich bemerke, dass ich ähnliche Bewegungen mache und ähnliche Spleens entwickele wie sie. Und immer wieder denke ich unwillkürlich: »Jetzt klingst du gerade wie Mutti!« Meist geschieht das, wenn ich mit meinen Kindern spreche, ihnen etwas erkläre oder verbiete. Manchmal betrachte ich meine Tochter und stelle mir vor, wie sie später versuchen wird, mir nicht ähnlich zu sein. Wie sie mit ihrem Mann streiten wird, wenn der es wagt, zu sagen: »Du bist wie deine Mutter!«

Vor Kurzem wurde meine Mutter achtzig. Sie ist fit wie der sprichwörtliche Turnschuh und geistig auf Draht wie eine Dreißigjährige. Sie organisierte und absolvierte einen dreitägigen Feier-Marathon ohne das geringste Anzeichen von Erschöpfung, machte eine Stadtführung für die auswärtigen Gäste, hielt am Festabend eine anrührende Rede und sah dabei fantastisch aus. Und plötzlich dachte ich: Sie ist toll! Wie gut, dass ich ihr ähnlich bin!

Wenn mein Mann mir jetzt hinwirft: »Du bist wie deine Mutter!«, sage ich freundlich: »Sei froh!« Und wenn meine Tochter mich wieder mal blöd findet, denke ich hoffnungsvoll: Noch hältst du mich für eine fleischfressende Pflanze, aber eines Tages wirst du stolz auf mich sein!

So viele Freunde – so wenig Zeit!

Das Schöne am Älterwerden ist, dass man nicht nur immer mehr Zipperlein hat, sondern auch immer mehr Freunde. Im Laufe der Jahre sammeln sie sich an, aus jeder Lebensphase bleiben ein paar hängen, und so wird es bei runden Geburtstagen von Jahrzehnt zu Jahrzehnt voller.

Nun kann man Freunde ja nicht nur alle zehn Jahre einmal abfeiern, man will sie ja auch zwischendurch mal sehen. Und so kommt im Leben der meisten Menschen ein Punkt, an dem sie mehr Freunde als Zeit haben. Spätestens dann sollte man um jeden Preis vermeiden, neue Leute kennenzulernen.

Auf Partys sollte man nur noch mit Personen reden, die man ohnehin schon kennt. Denn wenn man neue Bekanntschaften schließt, kommt unweigerlich der Moment, in dem man zum Abendessen eingeladen wird. Dann ist man zur Gegeneinladung verpflichtet. Und schon hat man wieder Grund für ein schlechtes Gewissen. Ich habe eigentlich permanent ein schlechtes Gewissen, weil so viele Leute auf meine Gegeneinladung warten. Dabei mag ich die meisten von ihnen, sie sind nett und sympathisch und ich hätte sie gerne als Freunde, aber ich habe in meinem Leben schon viel zu wenig Zeit für meine alten Freunde, wie soll ich denn da noch neue unterbringen?

Meinen Mann beschäftigen diese Fragen offenbar nicht. In den letzten Tagen hat er 167 neue Freunde gewonnen, darunter Claudia Roth und Sigmar Gabriel. Die hat er zwar in seinem Leben noch nie persönlich getroffen, aber wen juckt das schon in einer Zeit, in der die Anzahl der Facebook-Freunde das wichtigste Statussymbol überhaupt geworden ist? Da nimmt man, was man kriegen kann.

Hiermit schwöre ich einen heiligen Eid: Nie, niemals werde ich mir ein Facebook-Profil anlegen. Allein bei dem Gedanken, plötzlich 167 neue Freunde zu haben, kriege ich Schweißausbrüche. Was mache ich, wenn die anfangen, mich zum Abendessen einzuladen? Die erste Hälfte des Jahres würde ich die Einladungen abarbeiten, die zweite Hälfte des Jahres versuchen, die Gegeneinladungen zu organisieren. Ich müsste meinen Beruf aufgeben und hauptberuflich Einladungen annehmen und aussprechen. Ich könnte keine Reise mehr machen, kein Buch mehr lesen, in keinen Kinofilm mehr gehen, und das Schlimmste: Ich würde meine echten Freunde nicht mehr sehen! Nichts gegen Claudia Roth und Sigmar Gabriel, aber da hört die Freundschaft auf!

Kontrolle ist gut – Vertrauen ist besser!

Es gibt auf der Welt keinen neugierigeren Menschen als mich. Sobald jemand ein Geheimnis vor mir bewahren will, setze ich alles daran, es ihm zu entlocken. Dabei kann ich selbst schweigen wie ein Grab, wenn jemand mich darum bittet. Deshalb sind Geheimnisse ja so gut aufgehoben bei mir.

Manchmal gerate ich allerdings in Interessenskonflikte. Wenn ich das Tagebuch meiner Tochter herumliegen sehe, zum Beispiel. Niemals würde sie merken, wenn ich darin lesen würde. Bestimmt wäre es hoch spannend zu erfahren, was so alles in ihrem Kopf vorgeht. Vielleicht habe ich ja sogar die pädagogische Verpflichtung, darin zu lesen? Womöglich würde ich von schwerem seelischem Kummer erfahren, von unmäßigem Alkohol- oder Drogenkonsum? Womöglich fände ich Hinweise auf sexuellen Missbrauch? Oder auf den geplanten Amoklauf eines Mitschülers? Bestimmt gäbe es eine Menge guter Argumente für das heimliche Lesen eines Tagebuches – trotzdem mache ich es nicht. Meine Kinder wissen, dass sie mir vertrauen können. Und ich habe beschlossen, ihnen zu vertrauen. Wenn meine Tochter solche Dinge vor mir geheim halten würde, hätte ich als Mutter versagt.

Genauso halte ich es mit meinem Mann. Er ist sympathisch, er ist attraktiv, bestimmt ist er hie und da Anfechtungen ausgesetzt. Aber will ich das wirklich wissen? Wenn etwas wichtig ist, werde ich schon davon erfahren. Und bis dahin mache ich mich nicht verrückt.

Sie glauben gar nicht, wie entspannend diese Haltung ist. Wenn man einmal beschlossen hat, dem anderen zu vertrauen, ist das Leben viel leichter. Kein heimliches Checken von SMS oder E-Mails, kein Herumwühlen in Anzugtaschen auf der Suche nach Bewirtungs- oder Übernachtungsquittungen, keine Fahndung nach verräterischen Lippenstiftflecken. Man fühlt sich doch furchtbar bei solchen Schnüffeleien. Wenn man was findet, ist es sowieso eine Katastrophe. Und wenn man nichts findet, ist man danach nur beschämt.

Einmal zog ich zufällig ein Blatt aus dem Papierkorb, auf dem in der Handschrift meines Mannes die guten und schlechten Charaktereigenschaften einer Person aufgelistet waren. Die schlechten überwogen deutlich. Sollte das etwa ich sein? Wütend stellte ich ihn zur Rede. Es war eine Materialsammlung für die Hauptfigur seines neuen Drehbuchs – eine Mörderin aus Eifersucht. Seither leere ich den Papierkorb nicht mehr – das macht jetzt er!

Liebe Mama – böses Kind

Das Anstrengende an Kindern ist, dass sie erwachsen werden. Noch anstrengender ist, dass sie sich bereits für erwachsen halten, wenn wir sie noch für Kinder halten, also ab ungefähr zwölf. Ab diesem Zeitpunkt tun unsere Kinder alles, um uns auf den Moment vorzubereiten, in dem sie das Haus verlassen werden. Genauer gesagt: Sie tun alles, damit wir beginnen, diesen Moment herbeizusehnen. Sie sind aufsässig, geben Widerworte und nehmen absolut keinen unserer guten Ratschläge mehr an. Sie wehren sich wütend gegen jede Form der Bemutterung und empfinden es schon als Übergriff, wenn man bei minus fünf Grad anregt, eine Jacke über das T-Shirt zu ziehen.

Meine Kinder sind inzwischen neunzehn und sechzehn – und noch immer würde ich ihnen am liebsten morgens Klamotten hinlegen und Schulbrote schmieren. Ich würde sie gerne den ganzen Tag begleiten und aufpassen, dass niemand ihnen etwas tut. Manchmal würde ich sie am liebsten zu Hause anbinden.

Deshalb liebe ich es, wenn meine Kinder krank sind.

Ich meine natürlich nicht schlimm krank, sondern gerade so krank, dass sie ermattet im Bett liegen und nicht mehr widersprechen können. Dann kann ich endlich das ganze Repertoire mütterlicher Fürsorge entfalten, von Tee mit Honig über Wärmflasche bis Wadenwickel – je nach Art der Erkrankung. Ich koche Hühnersuppe oder Haferschleim, fühle ihre fieberheiße Stirn und murmele beruhigende Worte. Ich verabreiche homöopathische Kügelchen und mache Quarkumschläge, und wenn auch die Mittel vielleicht nicht helfen, so helfen doch Zuwendung und Aufmerksamkeit. Nicht nur, dass kein Widerstand kommt – nein, manchmal ernte ich sogar einen dankbaren Blick oder ein ins Kissen genuscheltes »Du bist lieb, Mama«. Hach, wie gut das tut!

Ich weiß: Kinder müssen sich abnabeln, dürfen uns doof finden und sollen ihren eigenen Weg ins Leben gehen. Nie würde ich mich ihnen dabei ernsthaft in den Weg stellen, im Gegenteil: Ich tue alles, um sie dabei zu unterstützen. Aber die Momente, in denen ich noch mal so richtig Mama sein darf und meine Kinder für kurze Zeit wieder meine Babys sind, die genieße ich. Schließlich wird es nicht mehr lange dauern, und andere werden ihnen die Stirn fühlen und Hühnersuppe für sie kochen. Dann werde ich traurig sein, aber auch ein kleines bisschen froh.

Der Rückenstrecker und andere Gottesgeschenke

Gäbe es Ersatzteillager für Menschen, würde ich einen Großeinkauf machen. Längere Beine würde ich mir besorgen, dickeres Haar und neue Zehen, ach was, am besten gleich ein paar neue Füße, schmaler und zarter als meine, damit ich endlich in diese schicken Schuhe passe, die mir immer so unbequem sind.

Jeder von uns hadert mit seinem Körper. Manche mit dem ganzen, andere nur mit einzelnen Partien. Meistens wird bemängelt, dass bestimmte Teile nicht dem gängigen Schönheitsideal entsprechen. Also: Busen zu klein, Beine zu kurz, Taille zu dick, Nase zu groß. Mit Mängeln dieser Art findet man sich am besten so früh wie möglich ab, sonst wird man unglücklich oder gibt viel Geld für Korrekturen aus. Manchmal auch beides.

Manche Konstruktionsmängel sind aber nicht optischer, sondern medizinischer Natur, und die sind weit schwerer zu beheben. So hätte ich unzählige Male gerne meinen Kopf umgetauscht, weil er mich mit Migräne plagt. Dazu hätte ich aber auch mein Gehirn abgeben müssen, und das hat mir eigentlich immer gute Dienste geleistet. Viele Menschen leiden unter schrecklichen Rückenschmerzen, von denen ich glücklicherweise verschont bin. Seit Kurzem weiß ich, woran das liegt: Ich verfüge über besonders stabile Rückenstrecker, zwei Muskeln, die für die Stabilität im Kreuz sorgen. Bis ein Masseur mir diese erfreuliche Mitteilung machte, wusste ich nicht mal, dass es Rückenstrecker überhaupt gibt! Und dann erfahre ich noch, dass meine so prima geraten sind, dass ich womöglich mein ganzes Leben keine Kreuzschmerzen bekommen werde. Wenn das kein Grund zum Jubeln ist! Lieber Gott (oder wer auch immer für diese Schöpfungssache zuständig ist), ich danke dir von ganzem Herzen für meine Rückenstrecker!

Ich finde, wir alle sollten uns bewusst machen, welche Teile an uns besonders gelungen sind. Eine Umfrage im Freundeskreis ergab folgende Positivliste: eine linke Augenbraue (weil sie sich so schön spöttisch anheben lässt), das Stück Haut zwischen Schlüsselbein und Schulter (weil es so weich ist und der Partner es gerne küsst), die Waden (weil sie so stramm sind und sakrisch gut in Lederhosen aussehen), die zu lang geratene Zunge (weil man mit ihr zwei Eiskugeln auf einmal umschlingen oder gelangweilte Partygäste zum Staunen bringen kann). Was zählt, ist also nicht die Perfektion im Ganzen, sondern das gelungene Detail. Was sind schon zu kurze Beine oder zu dünne Haare gegen einen vollkommenen Rückenstrecker!

Rock me, Baby!

Mein Mann erfreut sich im Kreis meiner Freundinnen großer Beliebtheit – sollte ich ihn jemals verlassen, würde er wohl nicht lange allein bleiben. Woran das liegt? Nun, neben den üblichen Fertigungsmängeln, die Männer nun mal aufweisen, hat er eine Reihe angenehmer Eigenschaften, die ihn von vielen seiner Artgenossen unterscheiden: er kann zuhören, er interessiert sich für andere, er hat Humor, und er kann gut erzählen. Das würde eigentlich schon reichen, seine Popularität zu erklären, aber darüber hinaus hat er eine Fähigkeit, die ihn geradezu unwiderstehlich macht: Er tanzt gerne!

Keine Party, bei der nicht sehnsüchtig blickende Frauen die Tanzfläche umringen, auf der mein Mann sich geschmeidig im richtigen Rhythmus bewegt. Mich hingegen treffen Blicke voller Neid, die zu fragen scheinen: »Wieso gehört dieses Prachtexemplar eigentlich dir?«

Ist doch komisch, dass viele Männer so ungern tanzen, obwohl sie damit solchen Erfolg bei Frauen haben könnten! Am ehesten lassen sie sich noch dazu hinreißen, uns zu Standard-Rhythmen wie Foxtrott oder Rumba übers Parkett zu schieben. Das können sie aus dem Tanzkurs (falls sie einen gemacht haben). Aber das ist es doch nicht, was wir Frauen wollen! Wir wollen einen wilden Rock 'n' Roller, der uns mit durchtrainiertem Muskelapparat zu »I'm Goin' Home« herumwirbelt und bei »I Can't Get No Satisfaction« mit glühenden Blicken verzehrt, während er donnernd auf den Tanzboden stampft. Was mich betrifft, muss er obendrein die Größe aufbringen, zu »It's Raining Men« von den Weather Girls zu tanzen und es nicht peinlich zu finden.

Sein Ruf als leidenschaftlicher Tänzer brachte meinem Mann schließlich einen Gutschein für drei Tango-Stunden ein, von einer Freundin zum Geburtstag. Zuerst war er irritiert, dann amüsiert. Tango? Warum eigentlich nicht. Dann begriff er, dass man Tango nicht allein tanzen kann, und fragte, ob ich ihn begleiten wolle. Meine Begeisterung hielt sich in Grenzen. In unserem Bekanntenkreis gibt es immer mehr Ehepaare, die jetzt Tanzkurse belegen. Mir erscheint das fast so verdächtig wie Golf spielen: als beginnende Kapitulation vor dem Alter.

Wir ließen die Zeit verstreichen. Nahmen uns immer wieder vor, die Sache anzugehen. Ließen es schließlich bleiben. Am Ende tauschte mein Mann den Gutschein in zwei Karten für ein Konzert von Neil Young ein. Hey, hey, my, my, Rock 'n' Roll will never die!

Letzte Worte

Wir alle stellen uns gelegentlich vor, wie es auf unserer Beerdigung sein wird. Ob die Kollegin, mit der wir uns jahrelang gezofft haben, reumütig am Grab trauern wird? Ob unsere Kinder schon ums Erbe streiten, während sie noch Erde auf den Sarg schaufeln? Welche Worte der Pfarrer finden wird, der uns zu Lebzeiten nicht gekannt und sein Wissen über uns aus zweiter Hand erhalten hat? Vor allem dieser Punkt – neben einigen anderen – beunruhigt mich. Da alle, die mich persönlich kannten, vor Erschütterung hoffentlich unfähig sein werden, eine Grabrede zu halten, wird es wohl einem Fremden überlassen sein, angemessene Abschiedsworte für mich, die teure Verblichene, zu finden.

Lieber Herr Pfarrer, ich gebe Ihnen hier einfach schon mal ein paar Anregungen, wie Sie den Nachruf auf mich gestalten könnten. Das spart Ihnen Arbeit und gibt mir das beruhigende Gefühl, dass Sie mich so darstellen, wie ich wirklich war.

Um gleich mal das Wichtigste klarzustellen: Was in der Kiste vor Ihnen liegt, ist alles echt. Keine Prothesen, keine Silikoneinlagen, nicht mal künstliche Fingernägel oder Wimpern. Ich war immer die, als die ich der Welt erschien. Nur war ich in Wirklichkeit natürlich viel netter als im Fernsehen, wo viele es gerne sahen, wenn ich ein bisschen frech und vorwitzig auftrat, während ich ja eigentlich eher schüchtern bin. Während Sie, lieber Herr Pfarrer, diese freundlichen Worte über mich verlieren, werden die Trauergäste hoffentlich sehr betrübt darüber sein, dass eine so nette Person wie ich von ihnen gegangen ist. Weinen sie denn auch alle ordentlich? Ist irgendjemand dabei, der nicht weint??? Zu dumm, dass man seiner eigenen Beerdigung nicht zusehen kann, es wäre bestimmt sehr aufschlussreich.

Endlich kann ich noch ein Missverständnis aufklären: Manche Menschen mögen mich für arrogant gehalten haben, weil ich sie nicht immer erkannt habe. Ich war natürlich kein bisschen arrogant, dafür aber furchtbar kurzsichtig. Selbst auf wenige Meter Entfernung habe ich ohne Kontaktlinsen Leute nicht wahrgenommen, sie mögen mir bitte ebenfalls verzeihen!

Leider konnte ich auch manche Erwartungen meines Publikums nicht erfüllen, die von einer halbwegs bekannten Moderatorin ein bisschen Glamour und ein paar Skandalgeschichten erwartet hätten. Für Skandale bin ich einfach zu spießig, und in meiner Freizeit ziehe ich einen gemütlichen Abend zu Hause jedem Society Event vor. So ging das mondäne Leben, das ich vielleicht hätte führen können, komplett an mir vorbei.

Keine Firma stellte mir Abendroben oder Schmuck zur Verfügung, weil mich zu Hause auf dem Sofa einfach nicht genügend Leute sehen konnten.

Ein einziges Mal hätte ich unsterblich werden können, unsterblich in den Gartencentern dieser Welt! Eine Rose sollte nach mir benannt werden! Ich verzichtete.

Alles in allem habe ich genau das Leben geführt, das ich leben wollte. Deshalb, lieber Herr Pfarrer: Kein Rumgesülze, bitte. Und ihr, liebe Freunde und Verwandte: Seid nicht zu traurig. Feiert lieber ein schönes Fest, und lasst mich noch mal hochleben!

Amelie Fried

»Mit ihrer Mischung aus Spannung, Humor, Erotik und Gefühl schreibt Amelie Fried wunderbare Romane.« *Für Sie*

978-3-453-40719-0

Die Findelfrau
978-3-453-40550-9

Rosannas Tochter
978-3-453-40467-0

Liebes Leid und Lust
978-3-453-40495-3

Glücksspieler
978-3-453-86414-6

Der Mann von nebenan
978-3-453-40496-0

Am Anfang war der Seitensprung
978-3-453-40497-7

Geheime Leidenschaften
978-3-453-18665-1

Offene Geheimnisse
978-3-453-59015-1

Verborgene Laster
978-3-453-87129-8

Immer ist gerade jetzt
978-3-453-40719-0

Leseproben unter: **www.heyne.de**